Dare to dream and make it come true!

環遊世界七大洲的追夢計畫

吳淑媚 Susan Wu

環遊世界是很多人的夢想，
現在讓平凡的我來分享，
自己怎麼圓了這不平凡的夢……

推薦序 Foreword

Sr. Ma. Zenaida T. Ancheta, OP

DIS Principal 道明國際學校 校長

Traveling—
it leaves you **speechless**
then turns you into a
storyteller, talking about
our personal level.
establishes and assembles
our writing space and tools,
and break the project into
small pieces to accomplish your
great book."

Susan Wu
you are
God's
masterpiece
EPHESIANS 2:10

The world is yours

The **BEST**
things in **Life**
are the
people
WE LOVE,
the
Places
we've been,
the
&Memories
we've
made
ALONG THE WAY

You are a masterpiece because of what God has done in your life by His grace. Thank God for what you have been doing to spread, share, and inspire with all the experiences and wonders of God's creation. You dream big! See yourself in light of this truth and live each day embodying this truth continuously in all you do, think, say, and feel.

Your dream to travel to a particular destination represents your life journey, the path you're currently walking in life, and the actions you may take will determine your heart's desires.

Traveling indicates explorations, new changes, new opportunities, meeting new people on the way, finding new ideas, and discovering new things.
♦ traveling with your loved ones is such a beautiful opportunity and experience, accompanied by your husband "Larry" Ching-Le Tsao too. Your subconscious mind constantly thinks about planning another trip soon!
♦ traveling with friends and students means that your social circle is widening. You get together with more people with whom you can go places to explore and enjoy.

A spiritual journey that you have been would take you to find out who you are, what your problems are in life, and how to come to peace with the world. The purpose of a spiritual journey is rare to find an answer; instead, it is a process of continually asking questions. The whole pilgrimage will serve as another set of tools that you may find essential and favorable in structuring your life as an explorer. You are ultimately responsible for the direction of your voyage. Well done!

It is because you have a lot of ideas in your mind. You possess a lot of hidden talents; some of the skills are so unexplored that you generally push to self-discovery. Travel is an ultimate inspiration and goal..." with man this is impossible, but with God, all things are possible" - Matthew 19:26.

For the readers who have not traveled much, this book moves you and so join Susan Wu to be more motivated and inspired by her. Open your hearts, broaden your minds and fill your lives with true stories to tell by our courageous author.

In Saint Dominic, God Bless!

Sr. Ma. Zenaida
Sr. Ma. Zenaida T. Ancheta, OP

Ralph Whalen

Taipei American School Counselor（retired）

台北美國學校輔導老師（退休）

This book is not just a collection of pictures. It is not the snapshots of a rich person who set out to travel to all seven continents. It is not an attempt to brag about where Wu, Sue May (Susan) has been and what she has seen. Rather this book is a testament of her mission to be a lifelong learner and ambassador of Taiwan.

Susan is one of the most multi-talented people I know. I first met her when she was working in a computer lab at the Taipei American School. There is no doubt this book will show how she used her knowledge of technology to convey her message. Since she had a desire to teach people about other cultures, she switched to teaching Chinese at another international school. During this time, I learned of her leadership abilities as she was the founder and president of a local Toastmasters chapter, president of Taiwan Phi Delta Kappa and now serves as head of the Chinese department at her school. This same leadership ability and her desire to open the world to others were put to the test during her 15 years of leading summer study tours with groups of students to many corners of the world.

I admire her for her desire to be a lifelong learner. In this book you will see her dancing with people in Africa. Susan is a competitive dancer and she continues to take lessons. You can almost hear the music jump from this book's pages reminding me of the sheet music pages from her weekly violin lessons. The way she frames the pictures is from her artistic skills which she further develops at her Thursday night's Chinese painting classes. You will see her on top of mountains which reminds me of trying to keep up with her when we climbed mountains in Taiwan and when I followed her on cycling trails in Taipei.

Yet what is most important is Sue May's motivation for going on all these fabulous trips. Yes, she wants to live each day to the fullest and experience all of life. But it is more than that. Her main motivation is to introduce others to various cultures and expand their worlds. In Taiwan she hosted several potlucks in her home and introduced Taiwan culture to many foreigners. She has taken hundreds of students to dozens of places around the world introducing them to other ways of doing things and expanding their world view. With the WWOOF foundation she lived in people's homes in various countries working alongside them, learning about their cultures and telling them about Taiwan. There is no doubt in my mind that even when she was in Antarctica others saw her not as a wealthy traveler, but what she really is a wonderful ambassador for the island of Taiwan.

Enjoy the book.

曲艾玲 Ellen Chu

台灣各項大型活動、典禮、電視節目主持人

　　我打從娘胎就開始展開「繞著地球跑」的人生。爸爸是駐外新聞工作者，所以每 2 ～ 3 年就會派駐新國家。我的成長及教育就分別在韓國、衣索比亞、日本、美國、台灣完成。另外，爸爸在派駐這些地方時也會帶我們去其它國家考察，像是泰國、埃及、英國、法國、義大利、瑞士、維也納、西班牙、德國、比利時等國家，所以我深深了解旅遊為什麼是很多人的夢想。能夠到一個與自己文化語言不同的地方是充滿無限的驚喜和學習挑戰。因為我的成長就是不斷的換國家，所以我擁有一個隨時隨地歸零，快速融入任何新地方的本能。我善用微笑和比手畫腳的 Body Language 來縮短人與人的距離。另外，就是打開嘴「問」出答案的厚臉皮功。其實，就是這些本能讓我成為「繞著地球跑」的好手。今天看到我小孩就讀國際學校的老師 Teacher Susan 因為有夢想要去看世界而規劃出「繞著地球跑的追夢計畫」。她不是擁有家財萬貫也沒有金銀珠寶，但她真摯的心讓她足跡走過七大洲，更到達極地之旅。Susan 的熱情推著她勇敢地讓夢想一一完成。

　　這本書讓我們看到了各種旅遊的方式，舉凡遊學、當領隊、住宿、文化、教養和世界觀，讓一直找理由不敢起而行動，又嚮往旅遊的人沒理由打退堂鼓。

　　「環遊世界」不需要很多錢，但要像 Susan 一樣有熱情。千萬不要預設立場，反倒是隨波逐流，往往歸零心態去旅遊收穫更多。

　　旅遊會讓你「凡走過必留痕跡」，Susan 的書非常平易近人的把她環遊世界的故事跟大家分享。字字讓你身歷其境，沒有距離只有感情和感動。其中有一篇：「為什麼要去南極洲？」讓我特別有感。我因為「繞著地球跑」的節目受邀媒體團去體驗破冰船由智利出發開往南極。總價一人連機票是 150 萬台幣。當時聽到心想我這輩子都不可能花這錢去，所以心中帶著感恩自己擁有「Dream Job」。我還記得當破冰船開到南極時沒有美景只有一片白色的冰山浮冰。就在這什麼都沒有的南極，各國媒體鑿下萬年冰倒入陳年 whiskey 並高舉酒杯唱起自己國家的歌，大家都不知不覺熱淚盈眶，因為大家都沒想到會來到這「noman's land」。Susan 為了南極讓老公辭了工作一起去實現這遙不可及的夢！先生沒了工作，回來自己要更努力工作，但我相信一切是值得的。

　　另外，還有一篇感動到我的是「外國的月亮比較圓」，我記得在美國讀高中時，有一次老師因為 Chinese New Year 請一位才從台灣移民到美國半年的學生介紹舊曆年的由來和習俗，那位同學說我忘了。後來老師請我說一遍，我把由來和習俗說完，老師再次走到那位同學面前說「記性不好沒關係，但忘本是很丟臉的事。」雖然，我大部份的教育是在國外，但我父母一直用心教育我們中文，餐桌也是常常分享歷史故事。回到家中禁說英語，並訂閱國語日報。這一切就是讓我們能認識身為 Chinese 而驕傲。在旅遊的過程中，我也遇過外國朋友傻傻以為 Taiwan 是 Thailand，但我會笑笑地拿出地圖告訴他們台灣的美。只要我在旅行中不厭其煩地介紹就會有更多的人認識我們。

　　Susan 這本書除了讓一個人增廣見聞之外，更是打開你的心胸。愛旅遊的人是不會有憂鬱症的。當你走過大江南北，看過不同人的生活後，回到自己可愛的台灣更是會發覺它的可愛和美。我的旅程中我爬過高山如喜馬拉雅山、潛過最美的馬爾地夫的海、看過最富有的國度也深入戰亂貧窮的國家。我們在台灣算不上最富有的國家，但我們有著最無價的和平和穩定的經濟。旅行讓我更接地氣，讓我學習欣賞差異。旅遊世界不需要想太多，讀完這本書，「you will be ready to go!」

聶雲 Dennis Nieh

臺灣名主持人

　　我們都聽過行千里路勝讀萬卷書，但是要懂得如何行千里路談何容易。我很幸運地在前幾年認識了 Susan，她是我孩子的老師。

　　我也是一個非常喜歡帶著孩子一起上山下海的人。我的工作也讓我在世界各地錄製過無數個電視節目。但是在這本書裡面我看到了一個真正的旅遊高手，分享她的旅遊經驗和她每次旅程的領悟。

　　其實出國旅遊要是到了每個地方都是住在渡假村裡其實什麼也看不到了。旅行中最珍貴的就是一步一腳印到過的每個地方，跟一些陌生但有緣的人留下一些深刻的對話。

　　這本書不但分享了這些珍貴的故事，也提供給其他想要旅行的人最寶貴的經驗與方法。相信我，這本書拿起來了真的會捨不得放下它。

Ann Chiang

EF 遊學公司經理

每年帶團老師籌備會再次見到淑媚老師時，她總是帶著微笑，與其他老師打招呼，聽著她分享豐富的帶團經驗，甚感受益良多，吳老師就是這麼一個恬靜且充滿活力的的人，時刻不放棄追求，學習新的事物。

由於吳老師於學校單位任職教書，教學經驗豐富且擁有領隊執照，因此大部分安排於青少年及暑期營隊團別。青少年屬於成長尷尬期，幼小心靈特別敏感，因此更需要有具有耐心且經驗豐富的老師帶領。她總不厭其煩的地鼓勵學生不要害怕改變！有時對未知的恐懼反而是心靈成長的最佳動力！

出團期間，學生於海外生活大小事或是上課日常遇到任何問題，淑媚老師總能輕鬆迎刃而解。當然遇到重大問題，吳老師也會於第一時間與我們聯繫討論取得最佳解決方式，並於回國帶團老師檢討會中與其他老師經驗分享。看著吳老師書中這麼豐富及特別的旅遊經驗真是大呼過癮！「有捨才有得。」人生若有相同機會能有這麼多的旅遊經歷，當真是快活的人生，著實羨慕！

這些年看著寒暑遊學團幫助學生去探索未知的自己及成長是一份特殊的體驗，也深刻瞭解到這當中帶團老師又扮演著極其重要的靈魂角色。吳老師幫助學生克服文化心理障礙，調整適應當地生活……等，是整個遊學團成功的關鍵之一。許多家長都覺得出趟國，孩子變得獨立且更加懂事了。翻閱了吳老師在這本書中的特殊經歷及在這領域的獨到見解，真心推薦大家一起分享吳老師豐富的旅遊經驗及人生，創造屬於自己的精彩故事！

作者自序：平凡人的圓夢人生

　　我在雲林縣北港的鄉下出生長大。我的父母為了六個子女勞碌奔波，非常辛苦。18歲高中畢業前，從沒夢想過環遊世界。直到畢業後北上，在十九歲結婚的時候，看到一篇報導，報導中提到了世界七大奇景，包含加拿大尼加拉瓜大瀑布、美國大峽谷、高棉吳哥窟、中國萬里長城、印度泰姬瑪哈陵、義大利比薩斜塔和埃及金字塔。當時我一時興起，剪下這張紙，一直放在我隨身皮包裡，心中深處雖然渴望，但既沒錢又沒時間，心想自己不過和許多人一樣，只是夢想罷了，不可能會有實現夢想的一天⋯⋯

● 父母親與我

● 六個兄弟姊妹

● 幫父親畫的油畫

後來有了孩子，心想沒戲唱了。沒想到生完小女兒，竟然和老公去美國打拼。在美國期間，我們有機會開車去自助旅行，去了名單上的第一個奇景：美國大峽谷。

後來回台灣，孩子慢慢長大了，配合著孩子的年齡和作息，我調整工作。在小女兒上高中時，我拿到領隊及導遊執照，開始在暑假期間幫遊學公司帶學生去英語系國家遊學，美國、英國、加拿大、澳洲和紐西蘭，課後順便去法國、德國、義大利、比利時等國旅遊。沒想到十幾年來，我竟然和不同的遊學團，去過了加拿大尼加拉瓜大瀑布，和義大利比薩斜塔等⋯⋯

學校每年四月春假和十二月聖誕假期，我陸續去了名單上高棉吳哥窟、中國萬里長城、印度泰姬瑪哈陵和埃及金字塔。

● 19 歲結婚

● 國標舞表演

自己只是芸芸眾生中的平凡人，不怕被搶，被綁架，吃路邊攤，也不會引人注目。早上起床，大剌剌的到附近學校晨泳或操場跑步，不擔心被認出，被騷擾，或只能沒選擇地躲在家裡踩跑步機。

　　到了星期假日，約志同道合朋友們爬爬山，喝杯 25 元咖啡和吃個熱騰騰的菜包，逛逛傳統市場，享受人擠人的熱鬧！

　　趁百貨公司打折，買幾件喜歡的衣服，不比行頭，比鑽戒，比名牌，比豪宅，比名車，無所不比，過開心的日子。

　　在課堂上分享環遊世界的夢想時，學生說：老師，我們哪像你那麼有錢啊？我告訴學生，我帶遊學團、參加 WWOOF、省下所有的錢自助旅行，終於實現環遊世界的夢想。敢於夢想！美夢成真！

DARE TO DREAM AND MAKE IT COME TRUE ！

　　坊間充斥著大人物不平凡的人生，現在讓平凡的我，也來分享一下平凡人的圓夢人生吧！

● 印度泰姬瑪哈陵

● 吳哥窟

● 法國巴黎鐵塔

● 德國新天鵝堡

● 杜拜

● 土耳其

● 比薩斜塔

● 萬里長城

文化 45

教養 50

國際 60

世界行腳 7 大洲 Continents　84

南極洲 Antarctica　86

南美洲 South America　96

非洲 Africa　112

遊學篇
Summer Study Tour

領隊

● 國際領隊

1、你不知道的遊學新鮮事：遊學好嗎？

帶暑期遊學團 15 年來，常被家長問：暑期遊學團只出國一兩個月，時間這麼短，學英語真的有用嗎？我總是斬釘截鐵的説：當然有用！

● 英國莎士比亞的故居

接著家長會問各式各樣的問題：

✎ 幾歲遊學合適？

✎ 要去哪一國遊學最好？

✎ 住校還是 Homestay ？

✎ 送小孩出國唸書，幾歲效果最好？

✎ 孩子在台灣混不下去，送出國唸書會不會變好？

📍 幾歲遊學合適？

每一個小孩的狀況不一樣，有的少年老成，有的依賴成性，有的獨立自主，有的毫無主見，我帶過思鄉哭泣的大學生，也帶過出國父母不在身邊照顧時，如魚得水的國中生，幾歲適合遊學，因人而異，要看每個孩子個別的獨立、成熟度，而不是全看年齡。

📍 去哪一國遊學最好？

當我還在美國學校上班時，有一次小學校長不以為然的說：「我快被搞瘋了！」每次到了新學期，好多台灣家長來打聽，希望自己小孩的級任老師是美國人，為什麼一定要美國人？英國人、加拿大人、澳洲人、紐西蘭人一樣都講英文啊！我們一樣都聽得懂啊！哪有什麼「標準英語」？真是荒謬！

許多人有個迷思，總認為把孩子送到美國遊學最好。其實，每一個國家各有不同的特色。如果你的孩子，著迷於現代科技，挑美國可能如魚得水。反觀一個對歷史、皇室，有濃厚興趣的孩子，英國可能是較適合的選擇。而一個對山脈情有獨鍾的人，洛磯山脈，肯定可滿足他的渴望。至於喜歡海洋、戶外運動者，澳洲大概是會令人滿意的。不同屬性的人，挑不同的地方，不能以偏概全，也沒有標準答案。

📍 住校好？還是住宿家庭 Homestay 好？

其實各有利弊。住校生不用擔心交通問題，幾乎學校所有活動都能參加。大部分外國學生喜歡住校，所以很容易交到同年齡，從世界各地來的朋友。台灣學生缺點是不愛跟外國學生打交道，反而跟自己國家來的人，一天到晚混在一起，也不練習說英語。

Homestay 的好處是，學生一定要以英文溝通。學生被逼得不得不開口說英文。這是個參與當地文化最好的機會。可以了解，及沉浸

在當地文化裏。有幸碰到好的家庭，帶領你到處跑，那你此行就更收穫豐碩了。缺點是，凡事靠自己，特別是交通問題，常常有些活動想參加，但礙於時間關係，不得不半途離開，甚至被迫放棄。對了，有些寄宿家庭是外國移民英語也不好喔。

送小孩出國遊學，幾歲效果最好？

只要小孩願意，夠獨立，當地有親友照顧，可以送當地夏令營，在自然接觸的環境裏，學好英語。如果經濟許可，小孩也夠獨立，小學高年級起，就可在有領隊的照顧下，每年在炎熱的暑假出國遊學，而不是關在補習班，渡過漫長的暑假。如果父母只能負擔孩子出國一次，高中畢業，考上大學那一年的暑假，是最適合的時機。孩子上課能好好學英文，與國際學生有很好的互動，也能照顧好自己，是入大學前最好的禮物。有機會到國外看看世界有多大，透過和世界各地人群的交往，學到尊重和欣賞每個種族文化背景的不同。遊學雖然短暫，價值卻很寶貴。

孩子在台灣混不下去了，想送出國唸書，看會不會變好？

有的小孩從小不怕生，個性很陽光，落落大方，很喜歡交朋友，很容易適應新環境，非常獨立有自信，遇到困難不怕挫折，想辦法去解決，這種有韌性的小孩，不管把他丟哪裡，都勇於接受不同的挑戰。反觀一些個性懦弱、內向害羞的小孩，凡事沒主見，一切依賴父母指示行事，碰到任何事情，天塌下來有父母擋著，從來不用自己下任何決定，平時乖巧聽話從來不敢反抗父母，也不會拒絕任何人，當這樣個性的小孩有朝一日，沒準備好之下出國，很可能因歸屬感，或挫折害怕等，交了壞朋友，誤入歧途，毀了前途。在台灣混不下去，如果是因為健康或氣候等因素，孩子大到可以照顧自己，當然另當別論。否則把在台灣讀不下去的孩子，送到國外，孩子在人生地不熟，又乏人照顧的情況下，很可能花了大錢一事無成，讓父母悔不當初……

2、領隊 vs 隨團老師

● 各國領隊

　　有個資歷較淺的領隊，來請教帶學生之道。我告訴她：我把學生當自己的孩子帶！把他們快快樂樂帶出門，平平安安帶回家！

　　聽著聽著，他突然問：等帶學生出國到了目的地，如果我有位朋友想來找我，我可以找隨團的學校老師幫忙一下嗎？我告訴他：千萬不可以！

　　一般學校跟出來的隨團老師，他們懷的是渡假的心情，只要學生外出時跟著出去玩，順便旅遊，兼顧學生，就這樣了！他們不是去工作的！他們可以逛街，訪友，外出，領隊可不行！領隊是有領錢的，是出去工作的！

隨團老師，如果是英文老師，他們如果要求，可一起參加開會，或經學校同意，甚至可以到教室上課。因為語言無障礙，反而知道你要處理所有事情而對你另眼相待，助你一臂之力！如果是一般老師，只要願意體諒，配合，大體而言還是可以合作愉快的！

● 跟團老師

● 跟團老師一起參加舞會

可能因為自己是個老師，因此特別知道老師的「輕重」。其實，只要你有禮貌，凡事報告清楚，他們會是你最可愛的「盟友」。如果領隊一意孤行，凡事悶著幹，不求支援，只要得罪了隨團老師，那只有「吃不完兜著走」了！事情無法順利推動或進行，對誰都沒好處嘛！

當然，有時也難免和隨團老師意見不同，我一般會誠意地說：只要學生安全沒有問題，我很樂意配合，「伸手不打笑臉人」嘛！通常隨團老師也會配合，不會堅持作行程外，或無理的要求！隨團老師是友、是敵，全在自己的表現，你可以讓自己每天痛不欲生，也可以把他們「伺候」得服服貼貼，結為知己。總之看自己的專業能力、誠意與功力了。

3、炸彈客 Bomber

有一年夏天，我帶紐西蘭的團。

出國一大早，我照例拉著一個大行李，和背著小背包出門。

出門隨手拿顆芭樂就出門。本來想早到機場，當早點慢慢吃。沒想到一到機場，馬上被家長團團圍住，問了一堆事情……背包中還有顆芭樂的事，早忘了。

後來新加坡轉機時，忙著處理學生背包中的美工刀，費了好大功夫解釋才脫身！

終於到了紐西蘭機場。這次我讓學生排在前面先出關，我是最後一位。正當大家都看著最後一位領隊的我，海關竟然看著背包的 X 光把我檔了下來。

海關問：你背包裏有 Bomb ？

我回答：有炸彈？你真愛開玩笑，我帶了 20 幾位學生他們在那等我呢？（我指著等在前面的一群遊學團的學生）

海關説：把背包倒出來！

當我把背包倒出來，看到早上那顆芭樂，我簡直要昏倒了……遊學公司在出發前的行程說明會一再提醒，澳洲和紐西蘭的海關，對農產品的檢查非常嚴格，千萬不要以身試法，沒想到我只顧學生，竟忘了照顧自己了……我可憐兮兮的解釋情況，當他們不通情面時，我説：要不，我倒退把芭樂丟掉重走一遍，要不我現在把它吃掉？

　　不管我説甚麼，海關執意開罰，罰款約台幣 4 萬元。我先説我不付，然後説我也沒那麼多現金。

　　結果海關説：你不同意付款，我們就送法院，沒現金可以刷卡。最後我只能刷卡了事，帶著學生走了。

　　帶一半行程中，因為學生滿意我的服務，遊學公司答應幫我付一半罰款。等我帶團回台灣。遊學公司看到學生填的滿意評量表，又表示願意付另外一半。真是謝天謝地！

　　回到臺灣，有個調皮學生，成立一個群組，叫「炸彈客」Bomber！

● 紐西蘭

住宿

4、Bristol 的 Mary

接到這次遊學公司的資料，知道這次我的寄宿家庭是位退休的英國老太太，愛彈吉他。我星期六半夜才到達，原本深感過意不去，沒想到後來發現，她每天都超過半夜才睡！她每天把時間都排滿了各式各樣的活動，忙得不亦樂乎！她老公幾年前過世了，四個兒女各自婚嫁，都不在身邊。今年 85 歲的她，耳聰目明，上下樓梯快極了，絲毫不見老態，不輸給年輕人。

Mary 把每天的時間安排得非常緊湊及有意義。

星期一當看護中心志工，幫忙離婚的父親或母親來中心探望子女。

星期二安排購物。

星期三家裡有吉他社團，三五好友練習教會歌曲。

星期四家裡有團契，大家一起分享喜怒哀樂及禱告。

星期五她開車載沒車的老人去學電腦。

星期六她洗衣及做家事。

星期日上教會，常上台分享，台風有自信極了！

她很多年以前就接受學校的委託，當起寄宿家庭。每年來來往往，從世界各地來的學生不計其數。但是她一定會每年配合兒女回來的時間，不接待任何學生，而把所有樓上樓下的房間全部空起來，共享天倫！

Mary 說她樂於接待國際學生。因為她不必出遠門,不必出國,就能知天下事。她從和世界各地來的學生交談中,知道了各國的文化及民風異俗。她樂於分享英國的歷史及榮耀,每天陪學生吃早晚餐及練習英語。各取所需,皆大歡喜。

● Bristol 瑪麗(最左邊穿著藍色上衣的女士)

5、澳洲的 Host Family(1)

　　某年暑假,我帶澳洲遊學團。22 個學生,分住到不同的當地外國人家庭。對我而言,我住過不同國家的寄宿家庭,早已習慣了。沒想到這次我還在第一天的學生分組考試忙碌中,竟被這位 62 歲的白澳老太太,先向學校告上一狀。

　　我們星期五晚上到,星期六一大早,她就告訴學校我用她電話,而且又想用她廚房等等。當學校問我,我說一到她家,我先徵求她的同意,而且解釋我需要用國際電話卡打電話給公司,告知大家平安抵達,以免有的學生第一天忘了打電話回家,害台灣的爸爸,媽媽擔心。之後,我便問她,可否我自己弄早點及帶午餐?因為她說早上會烤兩

● 凱恩斯海灘

片吐司,而午餐也會幫我塗兩片吐司。我告訴她,既然這樣,我可以自己弄,而她也不必一大早起床做早餐了。我是好意為她著想,沒想到她竟私下告狀了。

這次的外國寄宿家庭包三餐。星期六在學校忙了一天,回家實在懶得說話。吃過白澳老太太的簡單晚餐,我就拿起電腦,安靜在小房間很昏暗的燈光下,寫我的遊學團日記。沒想到隔天早上吃早點時,她竟然問我:Are you happy here ?(妳住這兒快樂嗎?)我說:OK ! 結果她就開始說星期五晚上接我時,她幫我拉一個行李,而我竟然拉著大行李,先走前面,讓她覺得自己像 servant(傭人),第一印象非常不好。一回到家,我想借電話,竟然說:「Can I use your telephone?」(我能用妳的電話嗎?)而不是說:「May I use your telephone?」(我可以用妳的電話嗎?)實在是太不禮貌了。

她說早上自己也要吃吐司,所以一起烤,她不喜歡別人在廚房亂弄東西。她說我太 demanding(霸道)了。而且好像什麼事,都太過 serious(認真)了。

她一直説：You need Relax! Relax! Relax!（妳要放鬆！）

我回答：I AM VERY SORRY ！（我真抱歉！）然後也順便解釋一下，身為領隊老師的心情與責任。

早上一大早起床，白澳老太太一臉不高興地問：你吃早點了嗎？你早上吃了幾根香蕉？天啊！真是見鬼了，一大早起來，才剛刷牙洗臉完，正要出門搭巴士去學校呢。

她接著説：沒有我的允許，不准自己拿任何東西吃。住在這兒，我給你什麼，你就吃甚麼。你不可以自己帶水果，要經過我的批准。你早上拿了甚麼？

我告訴她：一顆小蕃茄，一顆小蘋果，和一顆小橘子。她非常憤怒的説：小蕃茄要當沙拉用，不可以拿！要我馬上還給她。接著又説：從沒看過像你這麼 no manners（沒禮貌）的人。

隔天我本想去學校要求換寄宿家庭，沒想到我還沒開口，就被學校 K 了一頓：除非有嚴重瑕疵或重大事由，不可能一天到晚換寄宿家庭，請好自為之！要我完全配合 HF（Host Family），不要節外生枝，增加學校的困擾！住過這麼多國家的 Homestay，總算見識到什麼是良莠不齊的寄宿家庭了。

晚上回去，我找老太太溝通。我告訴她，如果因為文化的差異，或語言使用的不盡完美，不夠禮貌，而導致引起誤會，我真的很抱歉。我在家不特別聊天是因為我要寫書，不是故意不理人，請她別想太多。結果氣氛果然有好一些。只是這位老太太是「二房東」，她自己住一間大套房，而另外兩小間雅房各放兩張單人床。每間住兩個人，我自己的室友是個年輕的西班牙女人，每晚都很晚才到家。四個人無論洗衣或用浴室都要等，真是太擠了。

後來我每天早上沿著海邊走四十分到學校，既早起運動，又不必搭巴士額外花錢，真是兩全其美！我每天早點起床，烤兩片吐司，外帶一顆小蘋果當午餐，晚上回去也只有一點點晚餐吃。結果不到一星期，所有褲子都太鬆，一直往下掉，我竟然瘦了兩公斤。跟遊學公司報告例行公事時，我提起這件事，公司即刻回答：肚子餓，在學校附近買東西吃，回來可報帳，總算結束了這齣鬧劇。

6、澳洲的 Host Family（2）

這次澳洲團有兩個女學生，住在一個她們口中的「小豪宅」。寄宿家庭 Homestay 大房子裡，吃得又好，又是正餐，又是點心，又是飯後水果，外加巧克力……大家聽了都流口水，一直嚷嚷要去住！

有幾個男生的 Homestay，每天幫他們洗衣服，洗好、收好，甚至還幫他們燙好。

還有學生的 Homestay 在沒上課時載著學生到處跑，去教堂、去買東西、去打球，去任何學生想去的地方。把學生當自己孩子一般的對待！

但也有學生的 Homestay 老是給微波食品，要不就是垃圾食品，沒蔬菜，也沒水果。

也有 Homestay 老是斤斤計較，洗個衣服要拿錢，用國際電話卡打電話回家也要收錢，晚上睡覺門不能關，飯給一點點，老是覺得吃不飽，帶水果只能拿一顆……等等。真是「一樣米養百樣人」，什麼樣的 Homestay 都有！

對學生好的 Homestay，有的是自己有小孩，家裡有空房間，既可以增加額外收入，又可以讓自己小孩學習和國際學生互動，真是一舉兩得，所以對學生很好，也照顧得很周到。

另一種 Homestay 純粹只是為了增加收入，只要有錢拿，不會太照顧學生。三餐只要有給東西吃，凡事計較，什麼都要省，什麼都要錢，住在這種人家裡，又沒理由換，真是傷腦筋！除非有重大原因，一般是不能隨意換寄宿家庭，學校還是會繼續合作，因為畢竟不是當地所有人都樂於分享，願意敞開家門，歡迎陌生人的進駐！

曾經帶過一個暑期遊學團，其中一個女孩，天天告訴其他學生她的 Homestay 對她有多好。她說其他學生通車，她的 Home 爸卻堅持每天高級轎車接送。周末的學校活動，她也沒時間參加，因為 Homestay 要載她出去玩，帶她去賭城（已滿 20 歲的大學生）。甚至還給她籌碼去玩，贏的給她，輸的算 Home 爸的。

● 澳洲街上

這位台灣女同學每天實在是「吹」得太離譜了，有天我刻意等她 Home 爸送她上學時聊了一下。他說：我去過台灣，我對台灣來的學生特別好是有原因的。他說有一年夏天，有個從台灣來的學生住在他們家。其實自從他們孩子長大外出，因緣際會下當起寄宿家庭，心想也許在夏季的短期時間裏，家裡有個國外來的年輕人也不錯。沒料到這個從台灣來的年輕人，有禮貌極了，他們相處得非常愉快。

後來年輕人回台灣不久，竟然寄來了兩張來回機票，邀請他們去台灣玩。在台灣的兩個禮拜，他們深受台灣人好禮好客的精神感動。這位曾住過他們家的台灣男孩，在他們拜訪時，帶他們去台灣環島，而且還帶他們住 The Lalu 日月潭的涵碧樓呢！

從此以後，只要暑假有台灣學生住他們家，他們就會想起這一段美麗的回憶，滿懷欣喜地接待！這是我看過最棒，最感動的 Homestay！

7、牆壁破了一個洞

因為我曾住過美國的關係，遊學公司大部分會要求我帶美國團。有一年暑假，我帶紐約團，住在美國大學宿舍裡。因為國際學生從不同國家來，所以校方把各國學生，安排住在不同棟的宿舍裡。其中有一棟大樓蠻大的，學校把許多國家的學生安排住這一棟樓。學校作了區隔，入門後，往左邊全部是住女生，謂之女生宿舍。而入門後往右轉，就是男生宿舍了。

剛開始，台灣學生害羞極了，下了課回來宿舍，也不和國際學生 social，也不理人。自己和同隊的同學在房間聊天或玩撲克牌。我看不下去了，把所有學生找來，給他們一個功課，每位同學要找三個外國學生聊天。台灣學生說：「我不知道要聊什麼耶！」

我回答：「看到老外你會想知道甚麼？」

學生說：「甚麼都可以問嗎？」

我回答：「因為中西文化的不同，我們不能問外國人太隱私的問題。不過你們都是年輕人，沒有這些禁忌！」

就這樣，這些從世界各地來的年輕人，因為這次的破冰之談，大夥很快就熱絡起來，交上朋友了。後來各國學生們都混得越來越熟。除了星期一到星期五，早上一起分程度上課。下了課，中午一起在學校餐廳吃午飯。稍做休息後，下午就開心的一起參加學校安排各式各樣的活動。大夥高興地參與，玩得不亦樂乎。就這樣開始了暑期遊學的高潮。

有一天早上，學校十萬火急，氣極敗壞的要求各國領隊開緊急領隊會議，因為早上打掃的歐巴桑，竟然發現左邊女生廁所外的天花板破了一個大洞。

● 華爾街金牛

遊學主辦者嚴肅的聲明，在學校暑假期間，他們只是和學校簽約，承租學校部分教室、學生宿舍、室內體育場、如籃球場、游泳池及需要使用的設備，如健身房。所有承租處的毀損，全部由承租人負責。現在左邊女生廁所外的天花板破了一個大洞，所有住女生宿舍的人，全部難辭其咎，要平均分擔修理費用。又說美國工人難請，而且費用又高，雖然只破一個洞，但整個天花板都要換掉。再加上施工的工錢，平均每個人要付美金十元，除非找到「兇手」，希望各國領隊幫忙。

整棟宿舍人心惶惶，謠言滿天飛。我仔細詢問了我的學生，想想台灣學生的教養及素質，又看看這些女生的身高，怎麼看都不像是能跳這麼高，碰到天花板，又有力氣打破天花板的人。有個房間住靠

近廁所的台灣女生告訴我，前天晚上要睡覺時，聽到女生廁所傳來男生的聲音，而且還夾雜著外國女生的嘻笑聲。聽到這裡，我大概心裡有數，就去學校辦公室找主辦者談。我跟他們解釋，台灣女生的身高大多瘦小，根本碰不到天花板，更別提要跳起來把天花板打破一個洞了。學校回答：「我們知道！」可是因為不知道是誰幹的，也只能要求所有人分攤了。後來第三天就找到肇事者了！原來是兩個義大利男生打賭，誰敢去女生宿舍？晚上就在同隊女生前耍英雄，兩人跳起來，活生生把天花板敲破一個洞。結果聽說這兩個調皮的義大利男生，各自賠了一百五十美元了事。

經過了這件事，學校除了重申男生不可「越雷池一步」，跑到女生宿舍，還立了規矩，晚上十點後，全部學生一律各自回房，不可留在一樓的交誼廳！

一個月過去了，各國學生相處融洽，很多成了「麻吉」好朋友。當大家各自要回國離別時，好多女學生依依不捨，因捨不得分開而難過地抱頭痛哭……

8、遊學住宿

有個女生早上搭公車上學途中，一上車看到我就哭，

我問：「發生了什麼事？」

她說：「我被 home 爸嚇死了！」

我急著問：「他對你怎麼啦？」

她說：「唉呦！不是啦！你想到哪裡去了啦！」

我問：「急死人了，快說！」

聽了半天，原來是昨天晚上，住宿家庭外出時特別吩咐她，隔天一大早要到地下室餵小白兔，結果她一早到地下室去，拿紅羅蔔給小白兔吃，看到不遠處有個大鐵箱子，還用一塊黑布蓋起來，她一時忍不住好奇，把黑布給掀了起來，媽呀！原來是條大蟒蛇。

和學生坐公車到學校，安撫好學生，我馬上到學校辦公室，跟學校溝通，住宿家庭竟然說沒叫她去掀大蟒蛇的大鐵箱子。我向學校反應，至少第一天到，要先提醒一下吧？後來「home 爸」道歉了，而她再也沒下去過地下室了。

通常在把學生交到來接的住宿家庭前，我會一再提醒，到人家家裡，要有禮貌的請教如何用洗衣機。才來沒幾天，有個男生一直吵著要去逛街買衣服。我正覺得奇怪，他說：每天下了課和朋友去打球，只帶一星期衣服來，所以衣服不夠穿了。

我問：你可以洗衣服啊！

他說：問過了，住宿家庭說一星期只能洗一次。

我說：真是豈有此理！我馬上向學校反應。學校打了電話，住宿家庭改口說：一星期洗幾次衣服都可以，沒限制啦！

有個學生氣呼呼的跑來找我，說是被她住宿家庭的老太太罵哭了。

學生說：我昨天早上告訴她，晚上不回去吃晚飯，結果老太太自己忘記了，竟把我狠狠的教訓了一頓，說我害她多煮了一份晚餐，浪費食物，還當著我的面，把食物倒入垃圾桶，說著說著又哭了起來。

我聽到，馬上帶她去學校辦公室說明狀況。學校聽完了說：這位老太太，年紀雖然大了點，但是一直和學校配合得非常好。據說住

過她家的學生，從世界各地寄明信片給她呢，會不會是你學生英文不好，聽錯了？

我説：我們是來貴國學英語沒錯，但我的學生已經是大學生了，還不至於搞不清楚星期幾的英語，而且老太太現在年紀大了，難免健忘。學校聽聽有理，便打了電話。結果老太太自己承認，最近年紀大了，常常忘事。當天回去，老太太還跟我學生道歉呢。

嚴格説來，學校當然希望選擇好的寄宿家庭。只是有時僧多粥少之下，不得不把學生丟入差一點，甚至從沒經驗的，或只想賺外快的寄宿家庭。

我自己也有一次很有趣的經驗。在我所有的學生，都各別住在當地人的寄宿家庭時，當然我自己也一樣住寄宿家庭，到校那一天，第一次見到那位離婚的獨居女士，她非常有耐心的，等我把學生一個個交給寄宿家庭。她説：我看得出來，妳很關心他們。以我樂觀又獨立的個性，我們當然相處的非常融洽。有一個週末，當她知道我隔天沒事，特地請我去墨西哥餐廳吃晚餐。（寄宿家庭供早、晚餐、午餐還可自備三明治喔！她既然請客，我當然盛情難卻囉！）

她説：每次來墨西哥餐廳，自己一定會點一大杯「瑪格麗特水果酒」（MARGARITA），她問可否幫我也點一杯？

在台灣有空會在家，和親友喝點小酒，但從沒喝完一整杯過。但想到我們平日建立起的友誼與信任，而她又是位慷慨的女士，心想，不過就是一杯「水果酒」嘛，應該沒問題，但又想到是她請客，就客氣地説：小杯的就好了。

她説：真的啊？我每次至少兩大杯呢。等瑪格麗特一來，唉呀！我的媽呀！那麼大一杯啊！不過，看到大杯口上灑鹽，而朋友早就滿

足的喝了起來，還邊喝邊說：真好喝！我趕快喝了一口，媽呀！真是好喝！（心想，早知道這麼好喝，真該聽她的點大杯的，自己幹嘛那麼小心眼）兩人邊喝，邊吃，邊聊，真是愉快！

她最後和往常一樣又點了第二大杯。這時候我第一小杯也快喝完了。我告訴她：裡面真熱啊！我們坐到外面去吧！

● 住校

● 寄宿家庭

她問：妳還好吧！

這時的我無法回答，只是不管她説任何話，我都一直傻笑……她説：天啊！妳該不會是喝醉了吧！天啊！從沒看過任何人喝那麼一小杯會醉的，我看你還是別喝了。我一聽馬上把剩下的「瑪格麗特」一口喝掉！

從此開始頭重腳輕，語無倫次，只是傻笑……恍惚中，只聽到她請一位女士照顧我，快快結好帳，扶我上車，一路回家的車上，一直唸著真是不可思議！（Incredible!）

等回到家，我指著浴室，一進去過了好一會兒，她一發現沒動靜，等她一開門，我早趴在馬桶上睡著了。

整個晚上，只覺得有人扶我上床，幫我脫襪子，幫我換了好幾次頭上的毛巾，忙了一整晚，隔天早上我一醒過來，就看到我的床頭小桌上，放著一封長長的道歉信……

9、送禮

每一次在遊學公司的行前説明會中，遊學公司便一再建議，所有要出國特別是住宿家庭 homestay 的學生，一定要記得帶些有紀念價值的小禮物，可以送給住宿家庭的成員。除了有好印象，更可趁機練習英文，或培養感情。另外，也可以帶些有意義的小紀念品，送學校裏自己喜歡的老師，或國際學生，彼此交流，分享，還可能因此而變成好朋友呢。

看過學生帶過各式各樣的小禮物，有襯衫上印「台灣」的中英文字體，或是台灣地圖，也有襯衫上寫了中國古字，或象形文字。此外，

● 台灣 T 恤

還有學生送小字畫，折疊筷（可以教如何拿筷子），中文書籤，中國象棋（可以教如何下棋），車上吊飾，手機吊飾，紙鎮，等等⋯⋯不一而足！因人而異！中國人常說：「禮多人不怪」！小兵立大功！花點小錢，可以練習英文，可以交朋友，可以介紹自己國家的文化，真是一舉數得啊！

有的學生會反應，外國學生都沒送我禮物，我幹嘛要送他們禮物啊？

我告訴學生，中國人本來就是比較好客，而且只是個紀念品，是個引子罷了，又沒荷包大失血，不必太斤斤計較，凡事有得有失嘛！所有紀念品不是只送，是要用英文來介紹的。我自己每年都會準備一些紀念品及多帶一件印有台灣字眼的襯衫出國，給在學校活動中幫我最多的老師或活動人員，告訴他們，我來自美麗的寶島台灣 Taiwan。往往這麼一來，他們是又驚又喜，對台灣人印象是：富而好禮！

在學習過程的文化交流中，除了學習到別人的長處，小小送禮這件事，無形當中，也做了自己國家文化大使的角色呢！

文化

10、Amish 與 Mennonite（孟諾派教徒）

　　Amish 與 Mennonite 都是屬於孟諾派教徒。幾百年來，厭惡新科技、拒絕汽車及電力等現代設施、穿同樣的衣服、過著非常保守、與世無爭、簡樸的生活。

　　他們的小孩不去外面上學，有自己的學校，和教堂。小孩從一年級唸到八年級，不會繼續到外面就學，開始在農場幫忙，或是去自己家店裡賣吃的、穿的、給從世界各地來的好奇觀光客。

● 清教徒教室

● 清教徒交通工具－馬車

　　雖然他們不依賴文明，日常生活中像以前祖先一樣，不用電燈只用油燈，沒有洗衣機，或烘乾機，而是把衣服掛在屋外曬太陽、不開車，而是坐馬車等等……過的就像他們祖先的日子。雖然他們活在自己的世界裡，但是他們也不惹事生非，完全自給自足，過著日出而做，日落而息，最單純，最簡單的日子。

在靠近 Lancaster 時，就可以看到路上有人駕著馬車，身穿黑色或深藍色的風衣，男女大人小孩皆然，女人的頭上會有布作的帽子，男人會戴帽子，穿吊帶褲，結婚的男人會留鬍子。

萬一年輕人不想過這種日子呢？如果還沒受洗，未做一生中重大承諾前，若去外面闖蕩，後悔了，還隨時歡迎回來。一旦已經下了一生重大承諾，受洗後，若去外面闖蕩，後悔了，就永遠回不來了。

年輕一代的孟諾派教徒，開始接受新時代的一些東西，他們會到超市買東西，開店賣東西，有趣的是，雖然他們只准穿黑色與白色的鞋，但是追求時尚的年輕人，還是忍不住買黑色與白色的 NIKE 鞋呢！他們不當兵，也不必繳稅給美國政府，但是他們的生活方式是受到憲法保障的。萬一需要打仗的話，政府還會讓他們特別到別的地方服務，而不會直接派往最前線去撕殺！

在路上看到老一代的人，都會覺得他們真的好辛苦，沒有開車，不用機器犁田、播種、收割，完全都使用人力過著原始人的生活。他們的職業大多是農人和工人。好幾個世紀過去了，他們仍然保持一成不變的生活方式。他們過著不一樣的生活，執著不一樣的生活方式……他們會不會永遠過著他們理想與世隔絕的日子，或者受到天生好奇心的趨使，或是訪客的污染，而逐漸變成跟外面的世界一樣，進而放棄自己的世外桃源呢？

● 清教徒用名牌

11、澳洲公園裡的 BBQ

● 凱恩斯公園烤肉

● 凱恩斯東尼

　　帶了十幾年的暑期遊學團，見過各式各樣在不同家庭長大的孩子，有的孩子在父母面前和外人面前根本就是不同的兩個人。可能在父母面前是乖寶寶，在外面卻是人見人愁的討厭鬼。

　　每年帶團是滿刺激的挑戰，因為帶不同背景來的學生，除非是熱血心腸，加上有興趣，有時碰到的學生，還真是考驗你的修養能力呢！今年帶的學生當中，有個長得較矮小的男同學。只見他出口成髒，幹譙滿天，沒一句禮貌話。沒多久，只見有些男生跟著他學，而女生卻都討厭他，避之唯恐不及。每當我在宣佈事情，他便刻意打岔，真是令人火大極了。私下找了他兩次，總算說髒話收斂了一些。

　　今天我們有個空檔，所以我便安排了澳洲有名的公園 BBQ 烤肉。我給學生預算，然後讓學生計劃，全程採購，參與及運輸。只見他們有條不紊的開心採買，袋鼠肉、袋鼠香腸、牛肉、牛肉香腸、雞肉、豬肉等。還有洋蔥、生菜、麵包、汽水、可樂、巧克力等，真是豐盛極了！

　　我特地請了一位在當地認識的澳洲朋友 Tony 東尼幫忙。他建議不要為了一次烤肉而花太多額外的錢。所以他非常好心的從家裡帶來了所有的烤肉用具，包括沙拉油，烤肉醬，刷子及抹布等等……實在是想得太周到了。

　　利用這難得的機會，在開始烤肉前，請他先幫我們介紹澳洲當地烤肉文化及背景，還有如何使用 BBQ 及事後清理等等……同學們都從他身上學了好多新知識及文化背景，上了寶貴的一課。

　　很快就開始烤肉，不一會兒就可以吃了！正當我開始為每位學生夾肉、夾生菜、蕃茄、小黃瓜等……只見不知什麼時候跟著來一個外國學生，竟也趨前要來拿我們的 BBQ 午餐。我不禁愣了一下對他說：請問是誰請你來的？我先弄好我所有學生再請你吧。沒想到先前提到這位矮小，不得人緣的學生，竟然破口大罵地指著我說：你這是甚麼待客之道啊？他是跟我來的，怎樣？請他吃個袋鼠漢堡會死喔？把我那一份給他！沒看過像你這麼爛！這麼沒愛心的人！

　　我耐著性子解釋說：這是用我們自己的錢買的，如果他想和你一起吃午餐，那他本來就該自備午餐啊。結果他竟不可理喻，一直又吼又叫，罵個不停，還一直嗆著：我誰都不鳥啦！任何人我都敢 k 啦！直到後來許多學生對他大叫：你閉嘴！本來還覺得自己有點小能力，幫別人把孩子帶出國，看看外面的世界，碰到這個孩子，不知道為什麼，忽然覺得好想家喔……

教養

12、住院

　　有一年，帶學生去號稱全世界最快樂的地方，美國迪斯奈樂園玩。從白天玩到太陽下山的一日遊，到處人山人海，到處都要排隊，即使用快速通關還是玩不完園內所有設施。不過學生們玩得非常盡興，一直說以後一定還要再來玩。總之，到了太陽下山，除了看絢麗的船秀，最終就是看煙火秀了。

　　當音樂響徹雲霄之際，滿天的煙火，點綴了夜空，讓人不知不覺中也感染了快樂的氣氛，所有人不禁配合著美妙的音樂，而仰頭伸頸，大家隨著音樂時而拍掌，時而歡呼，快樂極了！

　　當所有的節目終了，滿坑滿谷的人，便要做鳥獸散了。忽然有個學生說眼睛不舒服，一問之下才知道，因為剛才看煙火看的太入迷了，捨不得閉起眼睛，竟然讓煙塵跑進了眼睛。我想找園中服務人員來，但她堅持無大礙，所以大夥也就回去了，沒想到隔天一早起來，她眼睛根本無法張開直喊痛，還直嚷嚷說是眼睛內覺得有異物！

　　戶外旅遊早已排好了，巴士早到了，只好帶著她一起出門，由我帶去看眼科醫生，而其他人跟著旅行社導遊繼續玩，約好中午一起吃午飯。眼科醫生把學生眼皮往上翻，發現有些好小的煙塵，醫生小心沾上藥水，用棉花棒輕輕擦拭，然後點上藥水，就這樣前後不過幾分鐘時間，竟要收費美金三百元呢，我的媽呀！學生大喊她沒這麼多現金，最後只好由我先刷我的信用卡，學生回台灣再還我了。

　　通常要出國時，我習慣把身心先打理好，該拿的藥，該看的醫生，全部先弄好，免得到國外求救無門，或花大錢。有一年夏天，帶學生去西雅圖，有位學生牙齒痛到不行，他說早就蛀牙了，但是出國前來不及看呢！這下可慘了！帶他去診所看牙醫師，一看帳單竟要花幾百

元美金，真是荷包大失血啊！因為學生保險中並沒含所有一切的醫藥費，而且要拿三份診療單，回國才能申請理賠。

有一次帶學校團，好不容易查好房，正要入眠。忽然聽到十萬火急的敲門聲：吳老師！吳老師！三更半夜的敲門聲，真是嚇死人了！原來是有個高中女學生，因經痛而抱著棉被，正躺在地上打滾。在哀嚎中才知道，她每個月都非常辛苦，她說這次特別痛。雖然是每月的例行事件，但為免有意外狀況，馬上要求校警背上車，緊急送附近醫院的急診室。

醫生檢查後，並沒發現任何急症或毛病，建議回去休息就好了。可是眼見女學生痛到大吼大叫，就建議做一下 CAT Scan 電腦斷層掃描。我先問了價錢，一聽到竟要美金兩千元（台幣六萬），我馬上打電話給遊學公司，結果因不含在學生保險裡，遊學公司要我直接打電話給媽媽。媽媽聽了，說希望先和女學生說一下話，談完後決定不花那麼多錢做掃瞄，因為這只不過是每月例行狀況罷了。過了一會兒，這位女生又大哭大叫起來。醫生又過來看，幫女學生又做了一下觸診，然後驗血，驗尿。後來因為學生一直喊痛，醫生問，可不可以做內診？我又打了電話回台灣給媽媽。媽媽說，她女兒還是處女，一口就拒絕。後來醫生沒辦法，只有幫她吊點滴……後來當女學生呼呼大睡的同時，我和他們學校隨團老師，在醫院陪了一晚上，不敢離開。隔天一大早，我們就出院了！我吩咐這位女生在校舍休息一天。

第二天晚上，又有學生在我要睡覺時來敲門。同樣的狀況同一位女學生又因經痛在地上打滾，隨團老師建議，讓她休息就好了。可是看她又吼又叫，為慎重起見，還是打電話給校警。沒想到遇見同一個老外校警，二話不說，背起她上車又送醫院。

真是太巧了，竟是昨晚同一個醫生。他看了看説，沒什麼大礙，回去休息吧！沒想到這女生，竟然大哭拒絕了⋯⋯醫生説，那好吧，再打點滴睡一覺吧！後來，她吊了點滴⋯⋯又在病床上躺了一晚。我一個人又在醫院陪了一晚，隔天早上又出院了！

因為連續兩晚沒睡，接著照顧這位學生，而每天早上我需要參加學校例行性開會，下午又需要帶學出去玩，又要帶活動，根本沒休息時間。我竟然在第三天腹痛如絞，只能利用早上去醫院掛急診，希望趕在下午學生活動前回來。又抽血，又驗尿的，檢查結果，醫生説我一來太勞累，二來吃太油膩了，開了藥吃幾天就好了。

● 學校工作人員

沒想到回台後，我自己收到兩份帳單，一份是醫院帳單，另一份是醫生診療費，兩張合起來要收美金兩千多元，合台幣要七萬多，我的天啊！

而那位住了兩晚的女生加上病床費，費用竟高達美金四千多元，合台幣要十幾萬。

在國外，人人自找自買各式各樣的保險，否則一旦上了醫院，保證被扒下一層皮呢！難怪老外都説，台灣簡直是看病的天堂，看病又快又便宜。

13、名牌

　　這次帶學校團，隨團英文老師神秘地問：我們這團有個學生，上下都名牌，你有沒有注意到？她說那學生戴了一支已經五十歲的她，捨不得買給自己生日的幾萬塊好錶，而她所穿的牛仔褲，每條都要上萬元喔！我特別注意了一下，發現這女孩子活潑大方，真是天之嬌女啊！這一天台灣遊學公司特別安排一日遊！忽然聽見有同學說：你都穿名牌耶！你家好有錢喔！我看了一下，發現女同學們，圍著這位「名牌小姐」，正羨慕又忌妒不已呢！

● 名牌

　　上了車，大夥坐下後，我先說了一個故事：有位在台灣非常有名的女性，當初因老公外遇失婚後，為自身慘況及顧及兩兒子的生活，不得不忍痛離開自己從小照顧的小孩。幾年後，發現前夫及繼母並沒有照顧好她的兩個兒子，並恨不得丟了這兩個燙手山芋。

　　在自己狀況改善後，便想要把桀傲不馴，一無所長的兩個兒子帶回台灣，自己照顧。從在美國一見面起，久未見面的兩個兒子，便不斷抱怨，需求無度。有一天在他們下榻的旅館中，兒子說了，以前跟爸爸和阿姨出去，都住附近的希爾頓大飯店，從不住像這樣的小飯店。阿姨都是買名牌，穿名牌，從不像你買地攤貨，穿廉價衣。兩個兒子越說越不像話，這位母親說了：我因為從今而後，需要花大錢教育你們，所以不想把錢，浪費在昂貴的大飯店上。你們阿姨需要買名牌，穿名牌，來襯托自己，提高身分，引起注意。在台灣你媽站出來誰不認得我？我還需要靠名牌來正名嗎？你媽就是名牌！說完了故事，車上鴉雀無聲，我順勢提醒學生，衣服只要乾淨，得體，除了外在美以外，內在美也要注意！瞬見一抹微笑，飄過車上每位同學的臉上……

14、購物

上完了英國的暑期遊學團，接著要去義大利旅遊。

● 義大利烏茲美術館大排長龍

●義大利茱麗葉的後花園

一到了義大利米蘭，當領隊宣佈好集合時間，一轉眼，所有學生都跑得不見人影了。因為只有約2個多小時，我不想把時間花在逛街買東西，所以我馬上跑去附近鼎鼎大名的烏茲美術館。

一到美術館，看到大排長龍，我真的要昏倒了……急中生智，我馬上走到最前面「求求」排在前面的人說：我是外國人，只有約2小時，可否幫個忙，讓我有機會，進去欣賞傳說中的世界名畫？他們同意了。

進去後，碰到一位美術系的高材生，承蒙他專業的導覽，讓我受益良多，更看到傳說中最美麗的維納斯的誕生。那站在潔白大貝殼中的美麗女神，實在是太美了！

等大家都回來了，拿著大包小包……有的幫家人買好多的名牌東西：FENDI（芬迪），

ARMANI（阿瑪尼），GUCCI（古馳），BVLGARI（寶格麗），PRADA（普拉達）應有盡有……學生怎麼這麼有錢啊？

我回國後跟家人說了這件事，家人都說你虧大了，這些名牌在當地買多便宜啊！你太不識貨了！我說：有錢到處都可以買名牌，而這些曠世鉅作，卻是別的地方看不到的啊！

15、感恩 gratitude

「現在的小孩怎麼一點都沒有感恩的心啊？我還是他們學校的老師耶！早餐在學校餐廳裏，看到人也不打個招呼，竟然當做沒看到你一樣，實在太過分了！」美國遊學團的隨團老師對我抱怨著……

忽然想起，我有一年，需要去美國參加國際教師會議。先到美國 North Carolina 州去做客，到一個老外 Joyce 家去住了兩星期。白吃白喝的，她還帶著我到處去玩呢！我為了回報她的恩情，每天下廚煮一餐台灣料理一起分享。臨走前她帶我去買了毛筆及宣紙，要求我幫她寫一些中國字送人。其中她最喜歡的，寫的最多的，就是：「感恩」及「愛」。

● Joyce 家寫書法

　　想到電視上有位主持人曾經說過一件事，她說，有一天她下班回到家，兩個小孩只顧著看電視，根本沒人理她，她壓抑著滿腔怒火，走過去輕輕把電視關掉。站在小孩面前說：我猜你們一定不知道我回來了，我再進門一次喔！這一次電鈴咚咚響起，兩個小孩馬上跑過去，對著剛下班看來很勞累的母親說：您回來啦！吃飯了嗎？所以她說：感恩要從小教起，一但定型了，再來抱怨，早就來不及了，因為是自己沒教好！

　　我非常同意她的看法！感恩本來就是要從小教起，因為父母是小孩最大的恩人啊！如果連恩重如山的父母都無法教會感恩，一個不懂得感恩的人，怎麼知道要回餽，要對別人好？

● 好客的 Joyce

16、打包

曾看過有一本書上描述著，當一個女兒，在幫母親清理遺物時，她發現，除了回憶以外，她帶不走任何東西。所以她把母親生前非常喜愛的所有衣物打包起來，結果，也不過是幾個紙箱子罷了。後來，除了自己留下一些紀念的照片，其他就一起放入棺木或捐給救濟中心了。

父親去世時，我和大姐清理遺物，驚訝發現原來一個人一生所穿的衣物，也不過是幾袋罷了。忽然聽到大姐大叫，因為她買的好多昂貴的衣物，父親竟然沒穿，也沒用，還完好如初包裝好放在衣櫃裡。因為父親較為肥胖，所以除了留下幾件全新的衣服，及全新的襪子送人外，其他的衣物一律在祭拜，燒紙錢時也就一併燒掉了。

我自己出國行李會兩星期前開始打包。其實，遊學的目的，是要自己能夠先敞開心胸，有個開放，而不設限的思想。到國外去，除了學習異國語言之餘，也看看世界，見識到不同的語言，文化，同時也有機會讓國外人士認識自己的國家，進而促進國際文化交流。將來更可讓自己在待人處事上，可以更客觀，更體諒，也更尊重每一個人的獨特與不同。

遊學，除了需要特別的醫生處方箋，平常慣用藥的英語說明，及個人醫藥包需要有中英文的對照表外，隨身行李內，只需帶一套簡便衣物，及薄外套，以防行李萬一慢抵達學校，機上溫差覺得冷時，隨時可以穿。其他只要準備約一週的衣物使用量（以簡便、舒適、容易乾為原則），平均每週花點時間洗一次衣服，外加烘乾，就可以了。其他如不要帶外包裝有肉類圖案，或印有黑人的牙膏（種族歧視），等等東西。

　　每年在機場，不管説明會時遊學公司再三提醒，總是有學生會把大罐化妝水（超過 100 毫升），指甲剪刀、刮鬍刀片、水果刀、美工刀等，不放托運行李，而是放在手提行李或隨身包包裡。結果，無法通過安全檢查，有的甚至被沒收。

　　忽然想到自己年輕時去美國，自己打包的大行李內，放滿了衛生棉及一些有的沒的，結果在機場，搞不清楚為什麼行李要被打開檢查，只記得，塞滿衛生棉的大行李一打開，跳出來滿滿的衛生棉，卻是再也塞不回去了。因為那時，對我而言，再沒有比這個更重要的東西了，我怎麼沒想到，這些東西在國外也可以買到呀！哈……

　　不過有些東西真的是要特別注意。有一次，帶學生去海灘玩，學生玩的太開心了，一個不小心，眼鏡被海浪沖走了。八百度近視，外加三百度散光，又沒帶説明會上再三提醒的另一副備用眼鏡，花大錢不説，又不像台灣可以馬上拿，真是太慘了！總之，不要打包太多東西，帶必用的就好，其他留點空間，以備不時之需。

● 英國劍橋 徐志摩 再別康橋

● 英國巨石陣

國際

17、外國的月亮比較圓

暑假帶團到國外，我都是等學校活動結束，所有學生回去了，我才放心的最後一個，從機場離開。經常回去時都已是月亮高掛天空了……抬頭仰望，忽然想起，到底是誰說的，外國的月亮比較圓？

有些人不看自己已經有的東西，卻反而常看自己沒有的東西，凡事愛比較，愛批評。心血來潮，忽然想到這次帶團中的一件事。

為了讓學生有認識外國人和練習英語的機會，我特別安排了和瑞典學生的旅遊。我先讓瑞典學生坐定，再讓台灣學生上車，每人挑一位夥伴，練習 English。

從陌生，害羞，低頭，到開口，對一般台灣學生而言簡直是一大突破呢。我不時走走，看看，看到好多人不知如何開口，我於是鼓勵台灣學生這麼說，問：「HI」！

在彼此問完了姓名與年齡，果然聽到一位坐在我左後方的瑞典學生，開口向鄰座台灣小女生，介紹自己國家。

他說：「瑞典（Sweden）的面積約 450,000 平方公里，有好多島嶼，在芬蘭與挪威旁邊，是北歐第一大國家，你的國家呢？」只聽到：

台灣學生說：台灣在亞洲

瑞典學生說：亞洲的哪裡？靠近哪些國家？

台灣學生說：香港

瑞典學生說：但是香港，不是一個國家啊！ interesting（真有趣！）

接著，瑞典學生又說：瑞典首都是斯德哥爾摩（Stockholm）由島嶼組成，有漂亮的自然美景，因此有「北歐威尼斯」的美稱。你的國家呢？三碗低咖（唸台語）」

忽然聽到學生對我大叫：「老師，瑞典人好討厭把我們當泰國人了。」

「告訴他，我們是台灣人啊！」我回答。

「We are Taiwanese.」（我們是台灣人）學生說。

接著瑞典學生說：介紹台灣，介紹你住的城市。

台灣學生：台灣很小，我住台北市。台北空氣差，交通也很亂。

瑞典學生說：Be positive.（說好的優點）

台灣學生：台灣太小了，好像沒什麼好說的。

我聽到了，生氣的轉過頭說：台灣也有好的啊！

台灣學生：「哪有？台灣好多缺點喔！」

我說：那個國家沒有缺點？為什麼不說自己國家的優點呢？

台灣學生：我想不出來……

我好難過的告訴她：你可以說，台灣是個四周環海的美麗島嶼，雖然面積只有約 36,000 平方公里，但是有美麗的自然景觀，與豐富的生態。開車一小時，就可上陽明山國家公園，令人屏息的美麗山嵐，享受遠離塵囂的寧靜；故宮博物院的文化寶藏，是全世界獨一無二，首屈一指的；台灣南部充滿古樸的風情，無論大城小鎮，隨處可見的美食，與小吃；每天二十四小時都可安全的在街上走動，生活超便利，買東西超方便，捷運超乾淨，開車一小時，就可到海邊，享受日出和雲海；再開車一小時就上山……

瑞典學生說：Wait, English please.（等一等，請用英語說）

當我用英語，一路說到日出，瑞典學生簡直興奮的快抓狂了⋯⋯

瑞典學生說：太陽高照啊？真的啊？太棒了！

其他聽到的台灣學生，紛紛說：當然是真的！

瑞典學生說：哇！對我們而言，簡直是天堂啊！

接著又好奇的，七嘴八舌問了更多的細節⋯⋯

最後和瑞典領隊相約，一定要組團來台灣曬日光浴呢！

我告訴瑞典領隊：其實台灣最吸引人的是，一般老百姓的善良與熱情。瑞典領隊：你是我遇過最愛國的人了，將來我一定會拜訪你的國家！這時，只瞧見台灣學生對自己的自信，還有那位貶低自己學生的眼淚⋯⋯

外國的月亮真的比較圓嗎？我總是覺得，自己的國家，月亮最圓！

● 巴士出遊

● 英語練習

18、Disco Party 迪士可舞會

晚上學校租了一個餐廳二樓的酒吧，幫學生開了一個 Disco Party（迪士可舞會）。一進去，看到滿牆的酒，學生都好 HIGH（嗨）喔！紛紛問我，可不可以喝酒啊？是不是所有的酒，都可以喝免費的啊？

我不禁笑了笑說：十八歲以上，才有資格喝酒，而且喝酒要自費啦！只有冰水是免費的！一下子，就沒有人敢再問了。

● 舞會 1

● 舞會 2

晚上六點半，DJ 熱門音樂，準時響起。結果等了半小時，這些平日神氣活現的孩子，竟然三三兩兩或坐沙發，或聚在一起聊天，每個人都東看看，西瞄瞄，就是沒人敢先下去跳舞。哈！真是膽小鬼！

我鼓勵同學下去跳，一個個嚇得雞飛狗跳，一直問：怎麼跳？或說：我不會跳舞！

沒辦法，和往年的每一年都一樣，我去邀了幾個活潑些的外籍老師，一起先到台上跳。果不其然，我的台灣學生，看到我在台上和外國老師跳來跳去，真是驚訝

極了。個個瞪大了眼睛，一副不敢相信的表情。嘿嘿嘿！

等我們跳了一會兒，我對老師們說，現在到台下去把所有學生都拉成一個大圓圈吧！先由我和一位老師在大圓圈的中間尬舞。學生們 HIGH（嗨）翻了天，個個都跳起來了。任務成功！接著各國的同學們，便跳在一起了，又跳，又叫，好不開心，屋頂都快掀起來了！中間學校設計了幾個好玩的團體動作，每小時放著同一首可愛的歌來串場，效果真是好極了！

在台灣，大部分家長都只著重功課，或成績，比較不去注意教孩子看場合穿合適的衣服。其實穿衣教育非常重要呢！看到舞池裡，外國少女個個衣著性感，露背裝、透明服飾、短裙、短褲、頭飾、耳環、手飾等等……爭奇鬥豔，花枝招展，濃妝艷抹。哇！只聽男生們紛紛品頭論足的說：怎麼差那麼多啊？一點都認不出來了。反之，台灣少女，只穿著和平日上學一樣的襯衫、短褲，毫無化妝或裝扮。雖然年齡都一樣，可是，混在一起看起來，就像是天鵝與醜小鴨呢！

19、Pool Party 泳池舞會

學校星期三晚上，幫各國學生合辦了一個泳池舞會。

雖然是 Cairns 凱恩斯的冬天，但是位於赤道的凱恩斯，即使是冬天裡，氣溫 25 度左右，天氣更是得天獨厚的清爽宜人。來自全球各地的渡假人士，再沿著海邊的步道，或努力的跑步運動，或悠閒地散步聊天，把這裡點綴得生氣盎然極了！

在這裡，隨時隨地可看到海邊的比基尼性感女郎，穿著清涼的在海邊大做日光浴。一些瑞典，和東歐來的學生，因為在自己國家，不

常看到豔陽高照，在這裏，只要是好天氣，甚至正中午，就穿起比基尼，在校園的草地上做起日光浴來了……

冬天裡在凱恩斯開泳池舞會是最合適不過了！只見到了泳池舞會現場，烤肉香味四溢，熱門音樂震天響，到處都是從各國來的國際學生，氣氛真是歡樂極了！

● 游泳池舞會

台灣學生有的穿著洋裝來。咦！不是舞會嗎？外國人為什麼裡面都穿泳衣啊？原來許多學生沒注意聽老師的提醒呢。不一會兒，許許多多的外國學生們，個個穿著比基尼，泳褲下水玩去了。而許多的台灣學生卻傻眼了，因為沒想到冬天裡要帶泳衣出國呢！只見外國學生一個個玩得開心極了，而台灣學生有的甚至忍不住穿著長牛仔褲也下水了。因為看到滿池的人，實在是忍不住了，太好玩了！只有少數人記得帶泳衣、泳褲。只不過我們台灣女生，比基尼是穿了，但是或用毛巾，或用手，遮遮掩掩、扭扭捏捏的，不像一般外國女生，大方自然，讓人反而忍不住因好奇，或注意，覺得奇怪，而想多看兩眼呢！

20、大堡礁潛水

　　大堡礁，是世界最五彩斑斕的珊瑚礁群。有著幾百種的珊瑚，海綿生物，軟體動物和上千種以上的魚類，簡直是喜歡海洋世界者的天堂。很多人來 Queensland（昆士蘭），來 Carins（凱恩斯）只是為了 Great Barrier Reef（大堡礁），所以如果沒去大堡礁，就有如入寶山空手而回，白來一趟了！

　　這次很多帶團領隊想帶大堡礁的團。遊學公司看了我的資歷、閱歷、領隊執照、潛水執照和游泳金牌，馬上指定：就是妳啦！

　　Reef Fleet Terminal（凱恩斯港口）裡有各式各樣的公司幫遊客安排船班去 Green Island 或 Great Barrier Reef，價錢沒差很多。我當時想趁這次的機會，去名聞全世界的大堡礁潛水。我跟學校的上課時間表比對後，發現有一天學生竟然要上全天課，真是天助我也！

● 凱恩斯大堡礁

● 大堡礁　小丑魚

● 可愛的烏龜

比對了幾家潛水行程，問了適合自己的行程，就開心的買了票，外加一對一的潛水教練，及潛水攝影。

當天一到船上，我忽然想起自己已經好久沒潛水了，甚至連裝備都不會用了。沒想到，潛水公司先要潛客排一列，往前走到前面椅子上坐下來，正當我思考等一會怎麼穿裝備時，一排的教練上前，霹靂啪啦，兩三下竟把大家的裝備都扣好了。我還在想，潛水眼鏡，要先用自己口水沾一下？教練們拿起藥水，一噴鏡面，隨手在早已備好的水桶沖水，交到手上時，已經亮晶晶的，清楚極了。

● 潛水教練

下水後不能冒然就深潛，所有潛客先在水下 5 公尺處待 10 分鐘。等適應好了，再往深處潛水。這次我請了一對一教練，可以潛更深，到更遠，更漂亮的水裡看，而且隨手幫忙拍照。很多人認為不會游泳，怎麼潛水？事實上，潛水跟游泳一點關係都沒有，只要學會操控潛水設備，讓自己學會平衡，在水裡把自己當魚，放慢呼吸，想像自己是一條魚，然後就可以遨游在安靜無聲，繽紛燦爛，熱鬧非凡，廣闊無邊的海底世界了。

21、國際性學習環境下的文化差異：才藝表演

暑期遊學中，各地方的學校莫不想盡了各式各樣的花招，來引起學生遊學中的興趣，其中最受歡迎的，就是各種不同名目的 party 了！

在行前說明會中，有的遊學公司，會特別提到要帶一件小禮服，以備不時之需。

這次的遊學中，有著不同名目的 party，外國學生簡直玩瘋了！有夏威夷海灘趴（Hawaiian Beach party）、男女反串變裝趴（Cross dressing party）、各國才藝表演趴（Talent Show）、好萊塢名流趴（Hollywood party）以及琳瑯滿目的各種遊戲，如尋寶遊戲（Scavenger hunt）、比手劃腳（Halloween charades）、身體大扭曲（Giant Twister）、遮眼罩抓人（Blind Monsters Bluff）、先頂頭轉十圈再跑步（Bat Relay）還有草裙舞接龍（Hula dance）等……

我們的學生一般比較放不開，比較害羞，不像外國學生比較大方、敢現。各國學生，各種 party 穿的爭奇鬥艷，玩的不亦樂乎。西方學生白天上課，不施脂粉，像個可愛的小女孩，到了夜晚的舞會，個個濃裝豔抹，鮮豔欲滴的唇，腳踩著性感的高跟鞋，實在是讓人無

法把這兩個人連在一起。難怪大家都説，女大十八變呢。而台灣小孩卻擔心沒有適當的衣服，或不知道要穿什麼，大多穿著 T 恤，短褲就去了，很少人會化妝，或刻意打扮。

這次台灣的孩子中，有個學生被大家封為瘋王「Hassle King」。他説，他知道自己根本不會跳舞，可是他玩的很開心：反正大家都亂跳啊！開心就好！可不是嗎？年輕人蹦蹦跳跳的多好玩啊！有時候為了鼓勵同學，我還硬拉著隨團老師先下場呢：言教不如身教，豁出去了！好玩嘛！

● 舞會精心打扮

● 各國才藝表演

22、暑期遊學團的場地與師資

每個地區的遊學團，場地與師資都不盡相同。大部分的遊學機構，都是利用學校放暑假期間，向當地學校租借場地。租幾間教室，限時段租泳池，租室內網球場，或租室內籃球場，或甚至租附近的健身房以供使用呢！真是無所不租！

一般租借場地會以有名的大學優先考慮，因為有名的大學，名氣響亮，校園廣大優美，容易得到家長的青睞。當然也有小部份遊學公司有自己教學建築物。所以學生可以集中上課，但是卻少了廣大的校園，可以散步或沉思！

至於師資，基於經費的考量，遊學公司當然不可能從校園裡聘請有名，或有經驗的師資。大部分師資的來源，只是暑期短期工作而已，因此真是良莠不齊，差別太大了！

當然短期的教書打工工作，其實是蠻富挑戰性的。因為除了介紹當地的特色，人文背景，文化，還要把生活背景，思想完全不同的各國學生，一起集中上課及討論主題，想想其實是蠻有趣，也蠻刺激的。這種挑戰也正是最有趣的部份。因為上課討論就像是小型的聯合國，可以一起腦力激盪，激起思想及文化上的火花與震撼。暑期遊學團雖然短暫，但在與從不同國家來的學生，因不同的文化衝擊，他們很快就學會人生中，最重要的一堂課：尊重別人的不同！

Respect the differences! 這才是暑假遊學最迷人之處！

● 上課中

● 暑期遊學團場地

● 暑期遊學師資

23、東尼先生

我是在澳洲的 Carins 遇見東尼先生。

有一天我走在 Carins 的海邊，迎面走來一位背著背包，穿著藍色休閒上衣，卡其色短褲，腳著一雙休閒鞋，身材瘦長，神定氣閒的先生。這位先生看起來有如校園中的教授般，我不禁停下腳步，和他攀談了起來。

原來他有四個孩子，在最小的孩子才四歲時，太太竟無預警地拋夫棄子，離家出走了。他被迫辭職，在家照顧四個小孩。還好澳洲對

單親家庭是有照顧的。然而一晃眼，竟也過了十四年。等孩子長大，都能照顧自己了，他才又回到職場。他說因為社會上有太多不負責任的人，所以有好多沒有父母照顧的小孩，還有些不適任的父母，會酗酒，家暴甚至吸毒，根本不管家裡的死活。所以他深深為這些孩子感到心疼。他願意奉獻自己的心力，去幫助需要幫忙的孩子。

東尼先生現在接受慈善機構委託，目前和四個男孩子住在一起，十五到十八歲，需要共住十八個月。在這段時間裡，他照顧及負責家庭教育這四個男孩，教他們如何做家事，照顧自己。如何把他們從人人唾棄，自己也放棄，自卑的痛苦深淵中拉拔出來。

在和這些孩子一起生活當中，他不斷地鼓勵他們，修補他們受傷的心靈，一再的提醒他們，他們也許所遭遇的環境與眾不同，但是只要努力，他們將來一樣可以過正常健康的快樂日子。他說自己不但救了這些小孩，更可以貢獻自己一份心力，減少社會的負擔呢！當這些孩子終於慢慢有了笑容，不再流浪街頭，而願意敞開心房的談心事，他覺得自己真是有用極了！

● 東尼先生

幾年前，他另外接受一項委託，以兩小時來教育青少年有關喝酒、吸毒的教育。在這兩小時中，他設計了遊戲穿插其中，有拔河、跳舞等。他抓住有用的幾分鐘，設計了許多特殊的課程，當他用火信點燃了酒精，讓青少年注意到酗酒的危險，一邊看著那些青少年目瞪口呆的吃驚樣，而一邊嚷著原來這些東西這麼可怕，在他欣喜的同時，更降低了那一區的青少年犯罪率呢！

問他為何看起來精神這麼好？他說：我吃東西從不過量，大多吃蔬果，和少少的魚肉。過幾天他就六十五歲了，耳聰目明，健步如飛！

24、比基尼女郎

在國外，不管環肥燕瘦，在沙灘上，盡是穿著比基尼的女人。看到她們的自信與自在，除了佩服，常忍不住想拍照呢……

這次我住的寄宿家庭，沿著海邊，可以走到學校。不管是一大早或是傍晚回來，一路上總是有人或跑步，或溜狗，或散步，或玩滑板，或騎車，或打拳，或做有氧運動，整路上實在是熱鬧極了！

我每晚約十點睡覺，早上約七點起床。起床後先做約二十分鐘的地板運動，然後吃完早點就出門走路去學校了。喜歡這段路，除了因為沿途風景美，徐徐涼風吹來，真是舒服極了。還有就是沿路有機會碰到不同國家的旅客，一起寒暄呢！

每天早上在海邊的沿岸，有個早上的運動，由一位約四十左右的男教練主持。在我走路經過，而他在等學生當中，我們約有十來分聊天時間。

● 健身教練

● 比基尼女郎

他是英國人，喜愛旅遊，因緣際會下來到凱恩斯這赤道雨林，經年太陽高照的地方，他就留下來了。後來更在此娶妻，而且有了四個孩子。

他一大早出來教人運動，而太太在家準備孩子早餐，送孩子坐校車，然後去上班。而他上完課回家，接著負責接孩子放學以後的工作。等傍晚太太回家，他又出去接一堂課，和太太兩人為家庭而合作無間呢！

年輕時的他和大部分的歐洲人一樣，酷愛日光浴。一開始從常常灰暗，霧氣瀰漫的英國，來到了凱恩斯，簡直像到了天堂一樣，天天曬太陽，做日光浴，真是快樂似神仙。

幾年前，因為被蟲咬，去醫院看皮膚科。醫生看到他前胸及後背幾顆痣，知道他酷愛做日光浴，建議他順便做檢查。沒想到一檢查，竟然是最可怕的日光浴殺手－皮膚癌。知道他差點為此喪命，從此以後，他便不再做日光浴了。

現在他帶孩子出門，一定要他們戴帽子。而每次看到年輕人在海邊炙意的曬著太陽，想起澳洲太陽之毒，到海灘看到滿坑滿谷的比基尼女郎，個個大曬日光浴，他說他實在替澳洲人擔心啊！

25、種族歧視

有位學生氣衝衝地跑來說：老師我們被種族歧視了！

怎麼回事？我趕緊問。

他說：今天 RC（帶團的大學生）玩一個遊戲，如果輪到有人喊到你喜歡的東西時，你就要跑開，換站到別的位置，結果台灣同學都站在原地不跑，所以被罵了。

「為什麼不跑呢？聽不懂嗎？」我問。

「我們都聽得懂啊！」學生說。

「那為什麼不跑呢？問什麼呢？」我問。

「Do you like MacDonald?」（你喜歡麥當勞嗎？）

「Do you like hamburger?」（你喜歡漢堡嗎？）

「Do you like fried chicken?」（你喜歡炸雞嗎？）

「Do you like French fries?」（你喜歡薯條嗎？）

一連四個句子，結果分在這一組的五個台灣同學都沒跑。RC 實在太生氣了，大吼對所有在場的台灣學生說：

「What the HELL do you really like?」（你們到底喜歡什麼啊？）

「為什麼不跑呢？」我又問。

「因為我們每天吃漢堡，炸雞，和薯條吃膩了啊……」學生說。

我馬上向學校反應，學校也不可置信直說，事態嚴重要馬上調查。隔天學校道歉了！說已經給這位 RC 一個口頭警告，如果再不小心就會請她走路，還問需不需要安排向學生道歉呢！

偶而總是會碰到這種太有優越感，會太自以為是，不小心的人。還好大部分碰到的都是非常好的人！

● 第一天分級測驗

● 學校教師

● 國際學生會議

26、美國威尼斯海灘

今年的暑假，我帶學生去美國加州遊學。學生們星期一到星期五早上要上課，上到中午十二點，在學校餐廳吃午餐。下午，遊學公司已經幫學生排好各式各樣的活動了。

今天安排的是威尼斯海灘。一下車，熱浪襲來，腳下踩著炙熱的沙，學生衝著往前跑……這時，我看到靠近海水，立著一個高架的救生站台。我跟學生們説：把隨身背包，都一起放在救生站台下的陰涼處，那裡是我們的集合處喔。

天氣太熱，一放好背包，大部分的學生，就往水裡衝了……我跟少數怕熱怕曬的學生，先是躲在救生站台下，有一搭沒一搭的聊天。後來，陸續地大家就玩水去了……

有學生在，我當然只是在海灘上，東走走，西走走……瞄一下學生，看一看遊客，偶而和附近的人聊聊天。

● 威尼斯海灘

　　忽然遠遠地聽到學生大叫，吳老師！吳老師！真是嚇死人了，我還以為出了什麼事。等看到學生，他們七嘴八舌的告知來龍去脈。這時，遠遠地看到，救生架台下的行李，早被往外丟得亂七八糟了。原來是被回到救生架台上的美國救生員丟的。

　　我還沒問怎麼回事呢，救生員看到我，問清楚我是領隊老師，竟然破口大罵起來了……我問他，為什麼亂丟我們的東西？他說，救生站台下規定是不能放東西的，然後他竟然大吼大叫了起來。我跟他說，來美國前，我告訴學生，美國是個富而好禮的國家，凡事講究正義，老百姓待人都非常客氣。沒想到學生花了那麼多錢，來美國觀摩與學習，看到的卻是毫無禮貌，面目猙獰，鬼吼咆哮的救生員，我真的很對不起我的學生。然後我說，東西不能放，你問一下，我們知道了，就會自己拿走，你丟什麼丟，眼鏡破了，你要賠償嗎？在我們談話時，圍著學生和一些遊客。後來，救生員自知理虧，道歉了。

　　下午在回程時，學生哇哇叫說，真看不出來，吳老師好兇喔！哈哈哈……平時我不講話，只是默默地照顧著學生。一旦出問題，我當然會跳出來。對外國人，只有據理力爭，才會得到尊重。一味的忍讓，只會讓對方得寸進尺，是無法解決問題的！套句他們的話，是你自己允許別人來欺侮自己的，No one can take advantage of you without your permission.

● 美國遊學團

27、美麗的寶島

有一年的暑假，去波士頓教授家拜訪，有一天，他說要載我去一個非常美麗又聞名的島玩，名叫天使島。當我滿懷希望到了那裡一看，不過是一個乾淨、安靜的小島。

帶學生去澳洲 Carins 的 Green Island。從 Carins 坐船去 Green Island 約一個半小時，是以往澳洲原住民舉辦儀式的聖地，在 1981 年因為和大堡礁一起列入世界遺產，而遊客大增。島上普遍的活動，有浮潛、玻璃船和餵魚等活動。

因為七月在澳洲是冬天，可以很多西方遊客卻穿 Bikini 泳衣浮淺。走到了熱門潛水點，真是人山人海啊！一群人穿戴完畢，就穿著蛙鞋倒著走入海中了。沒想到因為人太多了，海裡的沙太混濁了，根本看不到幾隻魚。

隔著玻璃船賞魚活動，總覺得好像隔靴搔癢似的，不夠盡興。而餵魚活動，只是船上工作人員丟一小桶飼料餵，也不給遊客餵。

在澳洲還跟學生去號稱熱帶雨林的 Kuranda 玩，坐吉普車上，逛小小的植物林，之後又欣賞當地原住民的舞蹈，及蝴蝶園。這一切的一切，都讓我想起自己美麗的家鄉……

到世界各地旅行時，我常覺得台灣真是個美麗的寶島，四面環海，有自己的特色及魅力，一點也不輸給任何國外的旅遊勝地，如果我們能善加規畫和宣傳，一定可以讓全世界的人都知道台灣的美，都願意花更多的時間和金錢來拜訪。

● 蘭嶼

● 開吉普車上山下海

● 東石漁人碼頭

● 屏東貝殼海灘

● 台東天空之境

● 伯朗大道

28、自由的代價

我的 Homestay 在湖區。本來我每天早上搭公車約十五分鐘上學，偶然間，我發現原來沿著湖邊走，竟然約三十五分就可以走到市中心的學校，從此以後，除非下雨，我寧願每天走路去學校。晨風徐徐吹來，又舒服又愉快。

每次只要我在國外，當我輕鬆的呼吸著新鮮的空氣，走在無人認識的異地，雖然有些少許的孤獨感，但我卻感到無拘無束的自由，快樂。

早上沿著湖區走，一大早卻看到一對母子躺在沙灘上。禁不住天性的好奇，走進沙灘聊了起來。

年輕的媽媽是一年多前，從紐西蘭來的背包客。愛上氣候暖和的 Carins，每天沉迷酒吧，流連忘返了起來。結果一個不小心，竟然和一位當地的澳洲帥哥，有了愛的結晶。就在生產完不久，就再也沒見過孩子的爹了。出院後，花了所有的錢，買了一部二手拖車，母女倆就住在拖車內，如此過了快十個月了。

問起她未來有何打算，她只是幽幽地說：不想回紐西蘭，就過一天算一天囉！

看到孩子那純真的眼神，口中滿嘴的細沙，不禁讓人為這小女孩的未來擔憂。這女人穿著一件不時尚的老舊衣服及裙子，而小孩穿著一件破舊毛衣，兩人身上都有一股久未沐浴的霉味，看起來對明天根本不抱任何希望，可憐極了！

● 紐西蘭的母與女

　　我想每個人當然都渴望自由，希望能做任何自己想做的事，只是有的時候，不得不謹慎小心地走好每一步，更要好好保護自己，以免一失足，傷了自己，更害了無辜的小孩子啊！

　　下午走路回來卻又看到了她正抱著小女孩汲水。看到她們仍然穿著一樣的衣服，身上一樣的霉味，唉！前途茫茫，她又毫無打算，不知如何是好，我實在很替她擔心：她們未來在哪裡？而小女嬰未來又怎麼辦？天快黑了，我必須走了。我邊走邊想，當我的視線漸離漸遠，我的腳步卻不禁沉重了起來……

世界行腳

7 大洲 continents

南極洲 Antarctica

環遊世界七大洲的追夢計畫

29、為什麼要去南極洲？

老公 60 歲的那一年，我跟他說：今年聖誕假，我要去南極洲，因為它是我「環遊世界」最後一大洲，這次你一定要跟我去！

老公說：妳先去吧，我等 65 歲退休再去……

我說：沒辦法！南極洲真的太貴了！我只能去一次！旅行社的報價，每個人 21 天南極洲之旅，約台幣 70 萬左右，我們兩個共約 140 萬元。

老公說：那……我請假看看！

當天回家後他說：沒辦法請假 6 星期，妳還是自己去吧！

我想了想，最後跟他說：好，那你……辭職！

他嚇了一大跳說：等我們玩回來，我沒工作，要吃什麼？

我回答：沒關係，我養你！

就這樣，老公終於辭職，跟我去了南極洲！

● 南極洲本島

30、南極洲遊輪行程

當初在規劃南極之旅時，我們本來想邀每天一起晨泳的另一對夫妻，跟我們一起去，可是他們一聽到去一趟要花一百多萬，竟然說：一百多萬可以打 400 多場高爾夫球了……他們終究沒跟我們去。

從當初決定了南極洲之旅，我開始在網路搜尋資訊……因為兩人花 140 萬，實在是太貴了……我在想，有沒有辦法花少一點錢又能成行？後來我打聽到市面上有旅行社可以幫忙訂票，不過行程要自己計畫自己跑。

● 世界最後一塊淨土

● 坐小汽艇登島

選南極洲遊輪，有兩個考量。一是大遊輪，遊客可達 300 多人，遊輪上設備齊全，應有盡有。另一個選擇是小遊輪，遊客約 100 人出頭，麻雀雖小，但五臟俱全。深入比較後發現：因為地形與保護措施，不管大小型遊輪，每次上岸人數都限制在百人左右。小型遊輪因為人數少，可以一次全部上岸，所以每人每次登島時間可留島上約 3 小時。至於大型遊輪因為人數眾多，需要分三梯次上岸，所以輪流登一個島約 1 小時。我的目的是花較多時間，看當地生態，及特有的企鵝，而不是長時間待在遊輪上，等待登船或享受豪華設備。此外船艙因人數，靠窗與否，有不同的價位。我訂的是兩人房，有窗，所以價位比較高！

南極洲的行程中，最恐怖的是來回須航行 2 天 2 夜的德雷克海峽。我吐到不行，一進食就吐，太痛苦了！暈船藥、暈船貼片都不管用。怕不吃沒體力，每餐硬啃一個蘋果、或香蕉等水果。老公三餐都去餐廳吃，他說這趟花太多錢了，想吐也得硬吞下去，哈哈哈⋯⋯

● 風大雪大的南極洲冬天

● 有窗的艙房

● 私人衛浴

　　這輩子就這麼一趟，無論如何，我一定要聽完所有演講，一場都不放過！我每場演講都聽，邊拍，邊吐，收集到畢生難得的資料！我不斷鼓勵自己，又吐不死人！兩天的航程中，有各種不同的專業演講。南極洲地形的、動物的、氣候的……應有盡有。船上的人員，除了照顧客戶的安全，個個專業、博學多聞，還有拿博士學位的。其中有一場，講師是俄國人，因為聽眾都是俄國人，所以講俄語，我邊聽，邊拍照片。2個小時講完了，講師走過來用英語問，妳聽懂俄文嗎？我搖搖頭。接著他說，下午那一場也是他主講的，用英文。what? 早說嘛！

● 南極洲穿短袖

● 南極洲浮冰

● 南極洲英國郵局

　　下午演講中提到 1959 年通過的 Antarctic Treaty 南極公約，凍結所有國家對南極的領土主權要求。規定南極只用於和平目的，避免軍事活動，不准核武試爆，或放核廢料，不能採礦，只能支持科學研究。南極洲不屬於任何一個國家，屬於全人類。

● 坐汽艇上岸

每次登島時，要坐 12 人小汽艇，大遊輪一律在海上等待。出發時，每人要翻自己名牌，穿船公司提供的及膝雨鞋，消毒，刷乾淨。回程，重複步驟，翻回自己名牌，確保無人獨留島上，因為夜晚氣溫驟降，根本無法待在戶外存活！極夜的風暴，若有人身置戶外，便有生命危險。

● 出入要刷長筒靴　　　　● 出入都要消毒

一開始上遊輪，隊長 captain 就告知遊客，無法保證可以順利登上行程中的每一個地點，一切全看天氣！這次行程，除了因為氣候，等了 2 個多小時，終究無法登上的南極洲科學研究站，其他的點，都幸運地去了。南極洲沒常住居民，只有少量的科學家，輪流在為數不多的考察站居住和工作。島上有所英國郵局 Port Lockroy，可買紀念品和寄明信片。

有些企鵝，習慣生活在冰雪覆蓋的高山上，想看到他們要登上高山，在太陽高照的時候走著走著……不知不覺中，竟脫得只剩下一件短袖襯衫，看起來真的好猛喔！

　　南極洲露營，真是太難得的經驗了。在臺灣先付了臺幣一萬多元，預定露營。還好先訂了，因為現場才訂，根本沒位置。有一天航行中，忽然聽到廣播，參加露營的，去拿工具，塑膠桶，挖土鏟子，和每人一個睡袋。參加的人，吃完飯，登小汽艇，到附近的小島上。到了小島，工作人員準備了一個緊急的廁所，在遠遠的邊緣，圍了一圈布，要大家萬一需要，要裝在帶來的桶子裡，再帶回遊輪上。還要大家自己選地，自己挖坑。我沉浸在這世界最後一塊淨土中，看著冰雪上閃耀的夕陽餘暉，我著迷的早忘了今夕是何夕了……忽然聽到老公邊挖坑邊說，怎麼感覺像自掘墳墓啊？

● 南極洲挖坑露營

　　在冰上挖坑，真的很不容易，好不容易挖好了，才知道所謂的露營，上面根本沒露營帳棚，晚上就是睡在自己挖的坑裡。本來以為這下完了，一定凍死，睡不著，沒想到，因為太累，躺在坑裏，看著美麗的夕陽，沒一會兒就沉入夢鄉了。一覺醒來天剛破曉，大夥就把洞填平，然後登上小艇，回遊輪上吃早餐了。後來聽服務人員說，萬一半夜下雪是要馬上撤營的。好險！

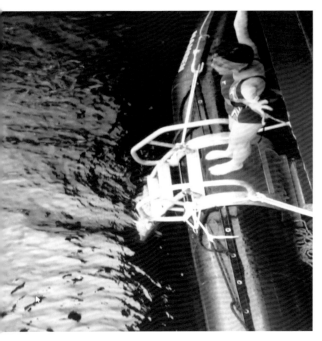

● 冰河游泳

有一天聽到廣播，如果你想挑戰自己，在南極洲冰河游泳，請穿泳衣，到甲板等。我一聽，太興奮了，馬上邀老公去。老公看著我，說他有高血壓，還想活著回去……

我把手機給了他，請他一會兒幫忙錄影，興沖沖的換泳衣，出門去冰河中游泳了。輪到我的時侯，我跟服務人員說，我是游泳教練，不必在我腰部綁繩子。他們說，這是規定，每個人都得綁。等他們綁好了，我大叫一聲：I am Susan, from Taiwan，就跳下水了……等我往回游時，身體早凍得沒知覺了。一上岸，馬上泡在遊輪頂層的熱泉中，冷得直發抖……

南極洲號稱「世界最後一塊淨土」！四周靜得彷彿時間停止了……這裡有個小島叫天堂灣 Paradise Bay，想像中的天堂，大概也是美得像這樣吧……這趟行程去了：Yankee Harbor、Orne Harbor、Useful Island、Curvorville Island、Spert Island、Mikkelsen Harbor、Port Lockroy、Paradise Bay、Half Moon Island、Cieva Cove……等

南極洲，有美得如藝術雕刻的各式冰山、有壯觀的浮冰、各式各樣的鳥類、動物，和不同種類的企鵝 Adele Penguins、Gentoo Penguins……等。雖然規定遊客要和企鵝們保持 5 公尺的距離，可是沒規定它們不能向您走過來，看到他們搖搖晃晃走來，天真可愛的模樣，真的好療癒！一切的辛苦和代價都值得了！這是我最後一大洲，人生沒白來了！

31、企鵝寶寶

南極洲之旅，從 10 月下旬到翌年 3 月初左右，因時間而有不同的價格。我們挑的是約 114 人的小遊輪 Sea Spirit，Antarctic Peninsula。從 12 月 27 日上船，到 1 月 6 日結束。因為是聖誕假期，所以價位偏貴。沒想到，除了是假期，更重要的因素是，這期間正是小企鵝出生，企鵝爸媽輪流照顧小寶寶期間，實在是不虛此行！

當初從船公司的行程裡，看到半月島 Half Moon Island，因為沒寫細節，本來以為只是其中一般小島，沒啥特色。在遊輪的廣播中，只提醒要跟好工作人員，及注意登小汽艇回遊輪時間。大家一到這「半月島」，就如往常各自鳥獸散了。回船後，當大家分享照片時，一對印度夫妻懊惱極了，因為他們走累了，以為走到那裏都一樣，就提早往回走了。我和老公沿路走了好久好久……沒想到走上山坡處，竟看到成千上萬的企鵝爸媽們正在照顧小寶寶。天啊！這輩子值得了！

怪不得聖誕節來南極洲特別貴，因為來早了，只能看得到企鵝在孵蛋。而來晚了，企鵝寶寶早就被帶走，看不到了。只有這個時候，才能看得到滿坑滿谷，成千上萬的企鵝父母群聚在一起，輪流找食物照顧面前的企鵝寶寶們。我們坐在企鵝王國的正面，好久都捨不得離開……那畫面之壯觀，震撼，和感人肺腑，將永遠留在我的心中，永不抹滅……

● 半月島

● 企鵝寶寶

南美洲 South America

32、阿根廷 Argentina

當初旅行社 21 天 3 星期的南極洲，含前後幾天的阿根廷當地旅遊，加上領隊小費，及南極遊輪上的小費，整趟花費下來，2 人約 140 萬。後來我們 2 人自助旅行結算下來的最終花費，一樣約 140 萬。可是沒跟團，含南極洲和南美洲的阿根廷，秘魯，我們旅行多了一倍時間，共 6 星期。

自助旅行時，我們首要考量是交通方便，外加經濟實惠，可以煮東西，又可以認識從世界各地來的人。符合所有條件的選項，是國際青年旅館 International Hostel。我們住過 10 人房，8 人房，6 人房，4 人房，最後只訂 2 人房。因為 2 人房，有所有青年旅館的上述優點，又可兼顧個人隱私。

● Iqwasu 大瀑布

環遊世界七大洲的追夢計畫

這次一到布宜諾斯艾利斯 Buenos Aires，住的就是國際青年旅館兩人套房。當天先到附近逛逛，熟悉環境。隔天，就開始排景點去玩了……有時候，跟當地人聊了以後，也會臨時更改行程，自助旅行就是這麼有挑戰性！

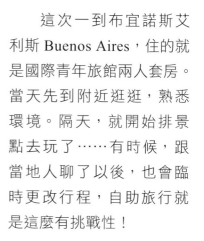

● 貴族咖啡館

● 阿根廷人

● 烏茲懷亞帝王蟹

● Lapoca 旅遊

99

● Tango 探戈

● 阿根廷貴族墓園

● 戲院書局

挑了拉博卡 Lapoca，色彩繽紛的活潑城市，走在當下，整顆心有著童心的雀躍與單純的開心。環遊世界時，讓我們最感動的，永遠是當地小老百姓給我們的幫助與溫暖。我們第一次來 Lapoca 的時候，碰到下大雨，商店沒開，我們也沒公車卡可以刷，司機先生又不收現金。承蒙當地人的幫助及提醒商店沒開，遊客不多，會有危險，快離開！在當時的滂沱大雨，求救無門，進退兩難之下，有位阿根廷人好心幫忙刷卡及叮嚀司機先生，把我們送到我們住的附近，頓時，我們的心覺得暖洋洋的……

去拉雷柯萊塔王公貴族的墓園，連國母艾薇塔都葬於此，對這位有智慧，有膽識，感於挑戰時代的勇敢女性，我打從心裏尊敬與佩服。還有 Caminito，集探戈，藝術，繪畫，歷史和露天博物館之大成。走在街上，就可欣賞那信手捻來的熱情探戈，讓人視線始終無法離開那誘惑人的美麗酮體。再來是拜訪了百年咖啡老店 Caf Tortoni，地方不大，可那典雅的裝潢，頓時讓人有身為貴族想像的優越感。

劇院咖啡書局，台上可以喝咖啡，台下買書，熱鬧滾滾。去

世界三大瀑布之一的伊瓜蘇大瀑布。還沒靠近，就聽到萬馬奔騰的吼聲，等一掀開那神秘的面紗，只能驚豔，然後匍匐地跪倒在她的石榴裙下。

追星到梁朝偉拍同性戀電影，〈春光乍現〉的咖啡店 Bar Sur 現場，跟男女舞者，跳段探戈，那醉人的氛圍，多麼浪漫迷人啊！

在烏蘇懷亞（Ushuaia）時，到了街上的餐廳，在臺灣一隻上萬元的超級帝王蟹，這裡現場抓，現場烹調，新鮮味美，只臺幣一千出頭，吃得太過癮了！

最特別的是穿著釘鞋，小心翼翼的走在萬年冰河上的卡拉法特 El Calafate 之旅。有生之年能走在冰山上，太感動了。行程結束後，大家喝 Whisky 加完全無污染的冰塊慶祝，實在太好喝了！

● 走在冰山上

● wiskey 喝威士忌

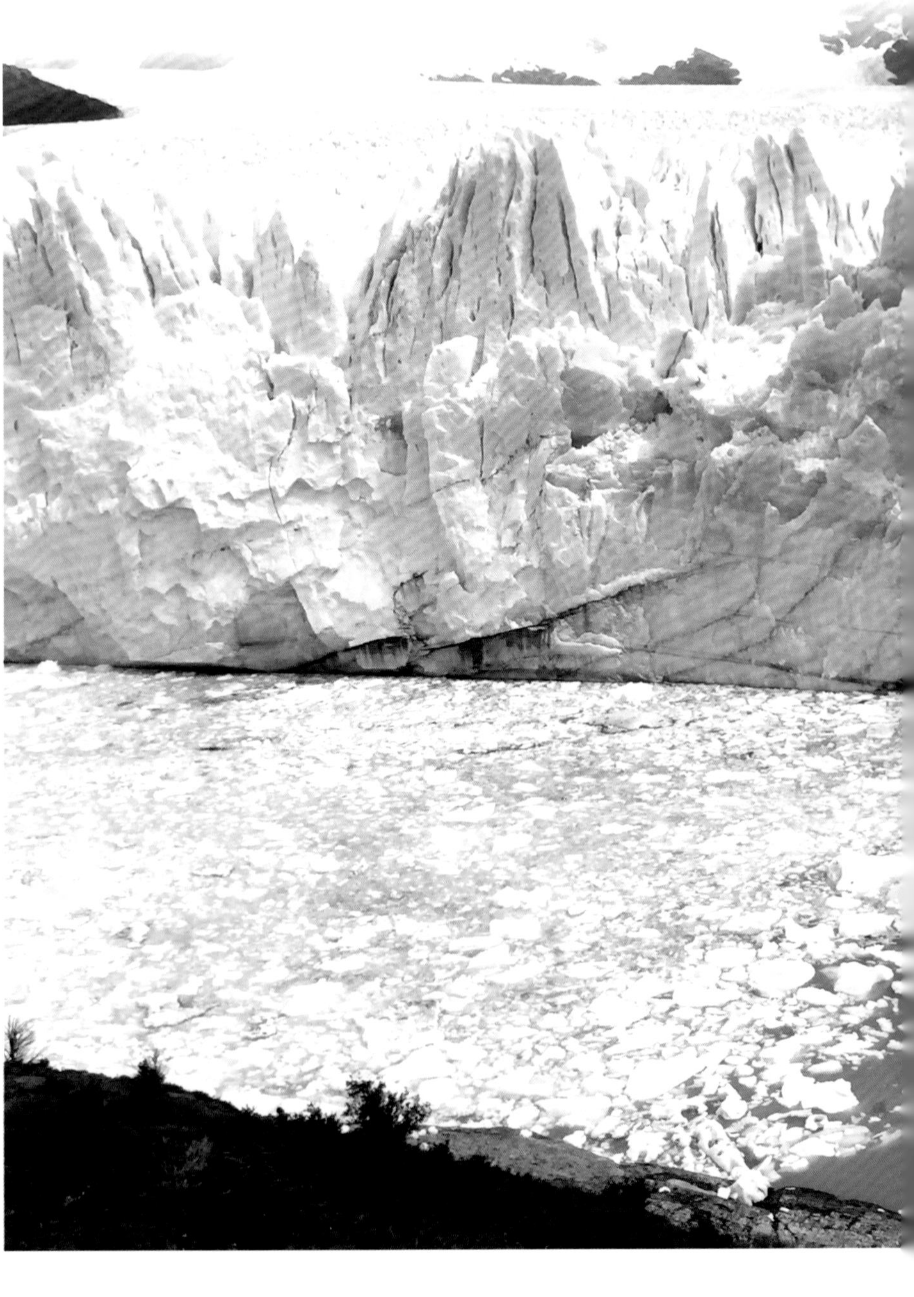

33、秘魯 Peru

秘魯第一站是首都利馬。在利馬舊城區 downtown 仍保存舊有風味的氛圍裡，像是回到幾百年前的世界，一切如此與世無爭！

從聖馬丁廣場往外擴散，棋盤式錯綜複雜，成千上萬的小角落，小廣場到處有小販兜售著生意，吃的、喝的、穿的、戴的、應有盡有……

亞馬遜叢林 Amazon rainforest，是全球最大及物種最多的熱帶雨林，號稱世界之肺。印象裡的亞馬遜，叢林野獸，河中鱷魚，隨時出現吃人。而樹上則掛滿了大蟒蛇，簡直刺激到不行。

● 亞馬遜河之旅

● 走在亞馬遜叢林裡

● 秘魯首都利馬

● alpaca 羊駝

● 亞馬遜螞蟻雄兵的窩

沒想到這次訂的亞馬遜河之旅,是住叢林周遭的旅館。兩邊的環境只看到平靜河中兩旁的蒼鬱林木,蟲鳴鳥叫,偶而看到河旁的幾條小蛇。行程裡,有坐船在亞馬遜河上,有走路在亞馬遜河叢林參觀……雖然開心,但總覺得不過癮,不夠刺激!

倒是走在叢林裡才有點看頭,要全副武裝,戴頭罩,因為蚊子又大又狠。我們沒頭套,所以全程戴騎腳踏車的防風頭巾。另外,到處泥濘,所以要穿雨鞋,否則寸步難行。行走途中,老公看到高及腰部的超大螞蟻窩,脫口大叫:「小心!螞蟻雄兵來了!」

　　秘魯網路搜索第一名旅遊景點，是天空之城馬丘比丘 Machu Picchu。世界奇景之一，我想很多人跟我一樣，是為了馬丘比丘來秘魯的吧？

　　馬丘比丘位於庫斯科高 2 千多公尺的山脊上，去的前一天我們開始吃高山症藥單木斯。一路上為了怕高原反應，我們一直喝當地一種有香味，有功效的青草茶。

　　馬丘比丘的山頂懸崖，有垂直峭壁、獨特的位置、地形特點，成了印加帝國最為人熟悉的標誌，1983 年，定為世界文化與自然雙重遺產。馬丘比丘不只是一個普通城市，據説也是印加貴族的鄉間修養場所。圍繞著庭院有龐大的宮殿和供奉印加神祇的廟宇，和其他維護人員居住的房子。在城堡中還有一片區域是專門關押和懲戒犯人的監獄。至於印加文明如何能將重達 20 噸的巨石搬上馬丘比丘的山頂，至今還是一個謎……

每年都有成千上萬的遊客在印加道路上旅行，從庫斯科出發徒步兩天，也可以用露營的方式，穿越安第斯山脈到馬丘比丘。要不是時間太趕，我會用徒步露營的方式，好好體會，而不是坐火車，直接坐到景點呢。對了，這裡還有各種不同顏色的羊駝，又叫草泥馬 alpaca，好可愛喔！

● 去馬丘比丘火車

● 古老的馬丘比丘

● 馬丘比丘飲用水

● 馬丘比丘一角

● 馬丘比丘之牆

● Machu Pichu 馬丘比丘

非洲 Africa

環遊世界七大洲的追夢計畫

34、大黑和小黑

大女兒上班，負責非洲地區。當她被派去非洲開會時，對那麼遠又陌生的國度，我們有著莫名的擔心……她卻一點也不怕，打了黃熱病疫苗，就出國了。

等她兩周後，從南非，肯亞，坦尚尼亞開會回家時，一直說：「爸爸媽媽你們應該去非洲看一看！」還問全家人：「非洲住著有哪兩種人？」

爸爸說：「住男人和女人」。

她答：「不是」。

妹妹說：「住白人和黑人」。

她又答：「不是」。

我猜：「住好人和壞人」。

她笑到不行的說：「都不是，是大黑和小黑啦，哈哈哈……」。

女兒的推薦，激起我的好奇心，所以隔年的暑假，我便安排了非洲自助旅行。

● 五年級

● 八年級學生

● 肉食餐廳　　　　　　　　　　● 非洲文化中心表演

35、肯亞 Kenya 志工

去年老公因為陪我去南極洲玩，被我強迫退休。幾個月後，好像有退休症候群，一直蠢蠢欲動，想再找工作……我一直灌輸他，遲早都要退休，趁年輕，才有辦法玩。

趁著大女兒去非洲出差後的建議，規劃非洲自助旅行。行程裡排志工，花了兩萬多元吃住費用。老公非常不以為然，他說：為什麼當志工還要花這麼多錢？我跟他說：就是因為人家沒錢請人，才需要國際志工啊。

想到非洲，滿坑滿谷的野生動物，馬上躍入眼簾……因此，狩獵之旅，變成了首要的安排。因此這次的規劃，分 3 部分：

1. 肯亞志工

2. 肯亞和坦尚尼亞狩獵之旅 Safari

3. 爬非洲第一高峰吉力馬札羅 Kilimanjaro

出發前一晚，大女兒隨口問：誰來接你們？叫什麼名字？

爸爸說：「問媽媽！我什麼都不知道，一切都是媽媽弄的」。

● 大象孤兒園　　　　　　　● 長頸鹿公園

我説：「我是從網路上訂的旅遊行程，我不知道誰來接啊？」

大女兒：「天啊！連接機的人是誰都不知道，你們往哪兒走啊？」

大女兒又氣又急，馬上聯絡在非洲的肯亞同事 Tole，請他萬一在肯亞接到我的求救電話，務必幫忙。被大家這麼一搞，害我隔天懷著一顆忐忑不安的心上飛機……

出了肯亞奈洛比機場，看到有人拿著寫著我們兩人名字的板子，如看到親人般親切！去電 Tole，他早已排好明天要帶我們玩一天了！真是感恩！

隔天 Tole 開車來安排了一天之旅：

大象孤兒院 Elephant orphanage

文化中心 Culture center performance

長頸鹿公園 Giraffe center

肉食餐廳 Carnivore restaurant

當天我們已告知 Tole 要請他吃晚餐。他一聽一直説我們一定要去「最好的餐廳」。在機場換了 200 美金，去肉食餐廳 Canervore，飲料

另計。我共付了美金 120 元。當天晚餐時我被嚇到了，一般當地薪水每月 100 美金，約臺幣才 3 千元，因此每人約台幣 1,200 元的這家餐廳，簡直是天價。Canervore 肉食餐廳，是個最貴的噱頭，我不推薦！可能是因為肯亞人窮，不常吃得到肉，所以「稀奇」。對已開發國家而言，反而注重健康，少吃肉。網路上的評語：又貴又難吃！但 Tole 一直推薦，所以去了。Carnivore restaurant 肉食餐廳，供應各式各樣不同種的肉類，牛肉，羊肉，雞肉，最特別是鱷魚肉，吃起來有魚的口感……每種肉，我只要求切一小口嚐鮮。老公吃了兩輪，就不行了。而 Tole 連吃了四輪，才甘心推倒了桌上擺的小旗子，不再要求送任何肉品了。

隔天，我們開始按表操課走第一個行程，國際志工之旅。

● 國際志工

● 兩顆足球

● 小可愛

從首都奈洛比到當志工的偏鄉，要先坐 10 小時巴士。好不容易到了車站，校長 Jacklyn 開車來接，又開了 1 小時，總算到了個鳥不生蛋的偏鄉地區。校長是當地人，為了回饋地方，辦了一所私校，專收幼稚園到三年級的學生。因為網路發達，有很多外國人資助這裡的小孩。每年美金 300 元，每月約台幣 750 元。我們住校長家，她家有電有水。不像一般村民，只能點蠟燭，汲水。除了她，也很少看到有人開車。

我們在臺灣募到三百多支筆，買了巧克力和一顆足球。老師看到我們帶了那麼多好的筆，忍不住也要求賞筆。學校師生只踢著用布綁的足球，看到我們帶了真正的足球來，簡直樂瘋了，踢到根本停不下來。看到這麼多可愛的孩子，我太開心了，竟

不小心把近視眼鏡掉地上，結果小孩一圍過來被踩破了！這裡的近視眼鏡，每副要價美金 600 元，而且只能去市區買。真是太慘了！

到校第一天，校長要求我們幫忙畫破爛的校門口。和校長 Jacklyn 去城裏的 Bondo 只買到太陽眼鏡、沒近視眼鏡店。後來回首都 Nairobi 直接買望眼鏡，不另外花錢買以後用不著的厚重近視眼鏡。Jackie 買了牛肉，因為晚上老公要弄肉絲蛋炒飯跟大家分享，文化交流！

這裡很少人開得起車子，基本交通工具是摩托車，載人半小時約台幣 45 元。今天遇到來肯亞 2 年的日本人，是非洲學校的「特教老師」，肯亞學校供吃和住。

今天老公終於敢走在村莊的馬路上了，看到黑人，人生地不熟的，他會害怕。和校長家的廚娘 Margaret 星期日上教會。我問從美國德州連續 4 年帶隊來的牧師：來肯亞後，你曾經覺得上帝是不公平的嗎？他説，第一年回去，他哭了。後來他從一貧如洗的肯亞人身上學到「感恩」、「樂觀」，反而讓他心中充滿了「愛」、與「感動」。

● 當地人教堂外的午餐

● 牧師家的午餐

　　他覺得唯一能和上帝來聯繫的一條路是「幫助窮人」。同時自己內心，也得到知足與喜樂！肯亞人雖然一無所有，他們仍然教會了我們「知足」、「感恩」。反而我們能給的，只是金錢、物質上的幫助而已。上完教會，我們去牧師家吃大餐，牛肉、炸雞、薯條，可樂，應有盡有。而當地人只能在教堂外面，坐著吃午餐……

　　校長家沒冰箱，所以肉不能久放。Margaret 做的當地傳統食物非常好吃，有奶茶 Mixed tea，玉米糕 Ugali，烤餅 Chapati 等等……Margaret 薪資以日計，每天約美金 2 元，台幣 60 元。

● 大門新彩繪

● 學生午餐

● 有水電的校長家

在這窮鄉僻壤的鄉下，每個女人生 4 個孩子起跳。這裡因為靠外港，有水手進出，貧窮的當地人，完全沒有任何保護自己的措施，為了食物，什麼事都會做，因此在這裡，愛滋病比例竟然高到不可思議的 37%。老公在校園裡不管走到哪，都有好多小黑人搶著牽他的手，有時一人拉著他一根手指，他真的很怕小孩子會因為搶不到牽他的手，而生氣咬他呢！

● 當地同齡的女人（左一）

● 午睡時間

　　當初想來這當英文志工，沒想到英文是他們官方語言之一，溝通根本沒問題，所以臨時改教中文。透過廚師兒子的傳話，有幸去拜訪當地小學，中學，分享自己的文化，帶學生做中文遊戲：數字、五官、你好、謝謝、再見，倫敦鐵橋塌下來，老鷹抓小雞等……其實人同此心，善意是可以被感受得到的。很開心的文化交流，發現這裡的孩子，跟外面的學生一樣聰明，他們需要的只是機會。

　　下午放學時，帶小學生 Moses 回家，遇到和我「同歲」的老奶奶，她是第二任太太，被老公感染 AIDS。老公，8 個子女，全死於 AIDS。孫女也是帶原者 HIV-positive，難怪她未老先衰，一臉老態。

離開前一晚，Jacklyn 非常開心，分享她的奮鬥史⋯⋯還說我們是從臺灣來的第一對夫婦，幫學校很多忙，和所有志工，老師，社區，村民、學生⋯⋯都相處得非常棒。這趟非洲自助旅行，最懷念的是志工之旅，人間的愛，永遠讓我們覺得溫暖，感動，感恩，不管在世界的那個角落⋯⋯

● 志工之花

36、肯亞與坦尚尼亞的狩獵之旅 Safari

　　據説大多數人畢生的「夢想」，就是「環遊世界」。無奈，到閉眼的那一刻，能實現夢想的，卻不多……有錢有閒的，不要去。沒錢沒閒的，不能去。看到廣告，環遊世界，動不動，要價幾百萬，所以我們就「自助旅行」囉。我就是「好奇」，想在有生之年，到世界各地，看看其他人是怎麼過生活的？

　　非洲志工之行後，我們回首都 Nairobi。兩星期的志工，就像一場夢，那裡的世界，太不真實了。而 37% 的愛滋病，更令人唏噓。離開前逛傳統市場，買非洲鼓和小紀念品回家。

　　肯亞和坦尚尼亞的狩獵之旅 Safari，司機兼導遊每天小費都是美金5 元。來回一路上都道途顛簸，塵煙漫佈，車窗無法打開，車內還要戴口罩，真是辛苦極了。

　　第一天先去肯亞國家公園 Lake Nakuru national park，看野生動物。第二天和第三天才去名聞全球的馬賽馬拉 Masai Mala。要看到非洲5 霸 Big five，要靠運氣。有犀牛 rhino，滿坑滿谷的水牛 buffalo，群聚的獅子家族 lion，得靠無線電聯絡趕去看的豹 leopard，和大象家族

● 灰塵瀰漫的路

elephant。此外還有超多的斑馬，和跑得飛快的長頸鹿等其他動物……就像電視上的畫面，看得超過癮的。

這一趟 Masai Mala 的行程中特別坐了熱氣球 Hot Air Safari，行情價每人美金 500 元。清晨四點半躺在籃子內，等熱氣球充熱氣起飛。這是個很特別的經驗，從高空看到日出和動物奔跑，蠻壯觀的！坐完熱氣球，還有豐盛的早餐吃！

● 熱氣球

● 熱氣球後的早餐

拜訪當地的 Masai 村，自成一格的馬賽人，有自己的村落，和非常獨特的跳躍搖臀舞蹈，真的很特別。村中的下一代，大多已經送去學校讀書了，而被挑選上跳躍舞蹈的年輕人不能去上學，因為他們要擔負部落文化傳承，繼承所有習俗，不能受到外來文化的汙染。難怪有人說去Safari，一定要拜訪馬賽馬拉族 Masai Mala，否則就入寶山空手而回了。

● Maasai 馬賽族

接著坦尚尼亞的狩獵之旅 Tanzania Safari。早上 7 點從肯亞奈洛比出發，先坐巴士 7 小時，過境到坦尚尼亞的 Arusha。落地簽，每人美金 50 元。

隔天開始行程，直接從 Arusha 一路開到 Lake Manyara 的露營區。先開一整天車經過 Ngorongoro，直接去聞名全球的動物大遷徙之處 Serengeti。在 Serengeti 看到的大鱷魚 Corocodial 把整個河裡擠得萬頭鑽動，真是嚇死人了！第一次分清楚臉上有淚溝 tear mark 的叫獵豹 Cheetah，是陸地上跑得最快的動物。臉上沒淚溝的豹，叫花豹 Leopard，常爬到樹上。介於肯亞馬賽馬拉國家公園 Masai Mala 和坦尚尼亞塞倫蓋提 Serengeti 的馬拉河動物大遷徙是世界上最壯觀的震撼。

據說帶團的人最怕帶到兩種人，一是律師，因為客戶不滿意，他會告死你。二是老師，因為懂得可能比領隊還多。這一趟我們吉普車上只有三個遊客，除了老公、我還有一個突尼西亞的英語老師。一路上兼導遊的司機發現我們問題問不停，其中我問了一個問題，竟然跟司機吵起來了。他說，過馬拉河的時候，因為河馬是素食動物，所以不會咬渡河的羚羊。我跟他說，會咬！他要我證明給他看。當我把在小博物館拍下

來，河馬咬死羚羊的影片給他看時，他氣得再也不和我們講話了。當晚露營處，巧遇專研動物行為 Animal behavior 的教授，他說並不是所有的動物都要遷徙，只有草食性動物需要遷移，因為沒草吃了。對肉食性動物，或有地域性觀念的獅子除非單身，或另找領域，它們是不用遷移的，因為還是找得到食物吃啊！

狩獵中坐的是可以掀頂的吉普車。有時路太顛陂，很容易撞到。行進中老公撞到右眼角，突尼西亞老師撞到左手背。都去看狩獵區中的小診所 Safari clinic，內有護理師駐站。

在動物狩獵時，每天露營，每天到各個露營地都有專屬的廚師，煮早，晚餐。每天出門都帶有雞肉，麵包，水果，和飲料的豐盛午餐。因為看動物途中，一個國家公園就好大，路跑好遠，不可能再特別跑回去吃午餐。每次午餐，司機就舖毯子在地上，把我們午餐放好。當我們大快朵頤時，他總是東張西望的，深怕我們吃午餐的同時，也成了其他猛獸的午餐了……

● 虎視眈眈的獅子　　　　● 狩獵之旅午餐　　　　● 吉普車上看動物

環遊世界七大洲的追夢計畫

37、坦尚尼亞吉力馬札羅山
Tanzania Kilimanjaro 5895 公尺

在非洲最後 6 天，要爬坦尚尼亞的非洲第一高峰吉力馬札羅山 5895 公尺。當初在準備非洲自助旅行的資料時，看到了坦尚尼亞有世界著名的吉力馬札羅，不知天高地厚地把它排進了行程。先去醫院打了黃熱病 yellow fever 的針，又去家醫科拿了防高山症的單木斯，帶著朋友們的「祝福」就出發了。

這趟行程，我們有 1 個領隊，1 個副領隊，1 個廚師，還有其他 6 位年輕的背工 porter，共 9 人。每位背工，最多只能背 25 公斤。所以帳篷，瓦斯桶，所有食物，一樣樣秤過重量，平均分配才能出發。因為只有我一個女生，他們叫我女王 Queen。

爬吉力馬札羅山有 7 條不同的路線 routes

1. Marangu（cock coca route），有如喝可口可樂一樣簡單，沿路睡山屋

2. Machame（Whiskey route），威士忌路線，只睡帳篷

3. Rongai route

4. Umbwe route

5. Lemosho route

6. Londros route

7. Mweka route（捷徑）

我選的是 Machame Whiskey 路線，沿途有花，最美，最困難，一路都睡帳篷。小費每天領隊美金 15 元，其他每人每天美金 10 元。人多可以分攤費用，比較划算。

● 第一天終點站

　　第 1 天，從 Arusha 的 Machame 出發登山口 1050 公尺開始走，一路到高 2835 公尺的地方紮營。從一開始，領隊就一直不斷提醒，Po-Le Po-Le 慢慢走！多喝水！多吃！保暖！要正面思考！還說他們最愛接台灣的客人，因為台灣人好相處，開心，又吃不多！

● 2 人小帳棚

● 9 人大帳棚內

● 七個背工 ● 美國人 Michael

　　第 2 天，一路走了 5 小時，到 3750 公尺的 Shiracave camp 紮營。

　　第 3 天，走了 7 小時爬上爬下的崎嶇山路，先經過 4600 公尺的 Lava Tower Camp，再往下走到 3900 公尺的 Shira-Barranco Camp 過夜，因為要適應高度。途中，遇到一個從美國來的年輕人 Michael，他説爬 5895 公尺高的吉力馬札羅山是他的夢想。他從高中開始打工，一直到現在，他存了 7 年的錢，今年總算夢想成真了。我的高山嚮導説，他帶過年紀最大的登山客是 72 歲，爬了 7 次，終於成功了。因為安全第一，只要客人有問題，馬上全隊下山，絕不冒險。難怪一路上，他早晚總是深情脈脈地看著我的眼睛，溫柔的問我：妳還好嗎？

　　第 4 天，從 Barranco 爬到 4673 公尺的 Barafu Base Camp，共爬了 8 小時，從早上 7：50 到下午 3：45 才休息。沿途廚師真的很厲害，每天準備各式各樣不同美食，有南瓜湯，咖哩飯，各種沙拉，蔬菜，炸薯條，飲品，等等⋯⋯

　　晚上準備攻頂了，晚上 11 點叫起來，給了熱飲和餅乾。半夜 12 點，從 Barafu 出發，一直摸黑不停的爬，爬了 7 小時的崎嶇山路⋯⋯老公一直在後面趕我快一點，真是氣死人了，誰不想快一點啊？沒體力了嘛！

● 吉力馬札羅險徑

● 維士忌步道之花

　　最後的 100 公尺，走了好久，因為山高，氣溫只有零下 20 幾度，周圍有冰山⋯⋯我的手機凍到無法開機了。而且高山空氣稀薄，好不容易終於爬到 Stella Point augury Peak-Mweka，5895 公尺的頂端，看到日出，照張相，就趕快往下走了。耗盡了我所有的體力，我再也走不動了。領隊沒法再鼓勵我走更快了，只好分成兩組，老公跟他走，副領隊跟在後面照顧我。等我終於死拖活拉地走回到帳篷時，竟然聽到一群背工竊竊私語說，那是我們的女王嗎？我一定是太狼狽了⋯⋯後來老公說，我足足慢了他三個小時！

　　這次爬吉力馬札羅山，我實在太開心了！攻頂成功，還有證書。五個晚上，各在不同高度紮營，實在是非常特別的經驗。沿途我心裏一直想著，自己真是瘋了⋯⋯本次非洲之旅，兩人所有花費，約台幣 36 萬。

● 吉力馬札羅山攻頂

歐洲 Europe

38、西班牙與巴塞隆納的高第

出國時，我會準備一些平常愛吃的零嘴，如捏碎麵，芝麻菜圃餅等……一路上邊走邊吃，有小時候郊遊旅行的雀躍，而且機場買又貴、又不一定買得到喜歡吃的東西。

● 馬德里廣場

● 當地人吃的海鮮飯

飛機轉機 2 次，到了西班牙馬德里約飛 17 個半小時。我排自助旅行時，喜歡到當地時間約中午以後，好找路，可以休息一下，等安頓好了，先去附近逛逛熟悉環境。第一站我們住的是 Hostel 青年旅館。

到了馬德里興致勃勃地馬上跑去吃鼎鼎大名的海鮮燉飯 Paella。奇怪，沒像網路推薦的美食啊。後來才知道，原來這是給遊客吃的，早就炒好的。等我們叫了當地人吃的海鮮燉飯，等了半個小時，才知道真的名不虛傳的好吃！

6 月初的西班牙馬德里，天氣早晚好冷，約 14 度，要穿長袖衣，和薄外套。今天先排逛太陽門廣場 Puerta Del Sol。隔天排 Toledo，是 1987 年世界文化遺產城市，和看大教堂。

本來今天要去戶外的 Segovia，因為下雨天，改室內的 Prado Museum。哥雅 Goya，是西班牙名畫家。其中 2 幅「裸女」及「穿衣的女人」，最廣為人知。

環遊世界七大洲的追夢計畫

幾年前我帶英國暑期遊學團時，因為學生都外宿當地人的家，所以我湊巧和西班牙的 Marea 同住在一位英國老太太的家。老太太觀念是，讓外國朋友住家裡，既可以學習、又彼此文化交流。Merea 已經定好「不一樣的午餐」，我們搭 metro 去另一個城市吃午餐，又各點了 4 歐元甜食，真是甜死人了。花了大錢，點了又貴又難吃的委內瑞拉午餐，其實我真正想吃的是道地的西班牙餐。飯後 Merea 帶著我們去附近玩，馬德里王宮 Palacio Real Madrid，德波神殿 Temple of Debod，聖米格爾市場 Mercado de San Miguel，麗池公園 Parque De EL Retiro……等市區觀光。聽當地人介紹當地的文化風俗真的是一大享受！

● 委內瑞拉午餐　　　　　　　　● Granada 小吃 tapas

● 馬德里市區之旅

去赫赫有名的聖家堂 Safrada Familia，網路定票每人約台幣 1015 元。一踏進去，聽到好多人喊：MY GOD！我忍不住跟老公說：簡直到了森林裡嘛！這裡的元素，全是植物、花草……進來裡面，不像到一般的天主教堂，只看到彩繪玻璃，聖家堂讓人覺得置身在混身舒暢的森林……等爬上長長的屋頂上，看到還在修建的工程，心想，不知道有沒有機會等它全部完工再回來看？

　　參加 Hostel 的免費之旅 FREE Tour，去哥德舊城區、La Rambla，聖約翰市場等。如果你滿意導遊的解說，等 2 小時行程走完可以給小費。接著去畢卡索美術館買票，竟然排了 45 分鐘。

　　去高第建築 Park Quell 奎爾公園。只要早上 8 點前到，不用付門票 9 歐元！因為奎爾公園是世界遺址，所以我們後來又去了 2 次。只有 8 點前進來，才有可能拍到網路照片。否則到處人擠人，根本啥都看不到，除了人以外！

● 奎爾公園

● 聖家堂

陸續去了其他高第建築：

Casa Vicens Gaudi：融合東方及新古典主義的風格，世界遺址！

Casa Baylor：巴特略之家外觀絢爛，世界遺址。

Casa Mila：米拉之家外觀波浪淡黃色，屋頂的造型，特殊無比！

每一棟高第建築都收費，而且價格都不便宜。老公嫌貴，老是到了門口不想進去，我一直不停地跟他說：都來了，就花這麼一次吧！

● Mila 米拉之家

Carsa Vinsens 維森斯之家 　　　　● 巴特略之家

最後的巴塞隆納，去音樂廳 Palau dela Musica Catalana，1997 世界文化遺產，共有 2140 位子，每年有 500 場表演。內部的光影、天花板等設計……好美！

看到賣 Amorino 每個 4.8 歐元，我們覺得造型不錯，買來嚐一嚐，味道 so-so 而已……最後決定買東西回 hostel 煮晚餐吃。今晚和一個印度生意人聊天，他説：喜歡住 Hostel，因為可以和從世界各地不同國家來的人聊天，而且他要永遠退而不休，到處走走看看，不要退休了，每天在家，混吃等死！

排當地文化遺產旅遊 Segovia，和 Avila。在觀光時發現這裡的芒果味道不錯！中午點了一份當地最著名的「烤乳豬」，1 份約台幣 805 元。還看到了古時候的羅馬輸水道、大教堂、城堡。

● 音樂廳漂亮的天花板

● Granada 自助遊

　　我們開始在 Seville，Ronda，Granada，Cordoba 等地用火車 renfe 旅遊，好方便！每個地方「慢慢」玩，旅行只是一種自己喜歡，不同的生活方式，不管住那裏，只要「有錢」、「有閒」、「有健康」，就可以選擇過自己想要的生活！

　　Córdoba 世界遺址結合伊斯蘭教與基督教文化的清真寺。早上 8：30～9：30，免費！我們連續去 3 個早上。因為人少，不必多花錢，又能拍照！（每人門票：8 歐元）

　　世界遺址 UNESCO：Alhambra，Nasrid Palaces 每人 14 歐元，有的旅行團不進去！真可惜！門票到處都要檢查！不可丟掉！

　　看哥德式建築，認識飛扶壁的支撐功能。Sevilla 旅遊 Catedral de Sevilla 主教堂，Alcázares Reales de Sevilla 皇宮、Plazadetoros 鬥牛場，西班牙廣場等……最後看了「皇宮」，看到有權有勢，或有錢的人，把自己寵愛的人，當「寵物」眷養在金屋裏……到底是幸運或悲哀呢？

● Ronda 隆達旅遊

● 參觀 Cordoba 東西合併的教堂

自助旅行最好玩的地方是認識世界各地不同的人……我們的住宿原則上挑 Hostel，因為經濟、可煮、可交朋友又交通方便。這次因為太多地方，所以住不同的選擇，有 B&B，guest house，Hotel 等等。

39、WWOOF

● 韓國 Kim 的有機農場

● Kim 來台灣拜訪我們

　　因為喜歡旅行，又希望有機會深入當地文化，體驗當地風俗人情，所以幾經尋尋覓覓，終於找到了心目中最好的標的物：WWOOF！

　　這是個非營利的國際組織。先選好想去旅遊的國家，加入會員約兩千台幣，就可以和當地的農場主人聯絡，做一趟別緻的文化之旅了！

　　我們第一次挑選 WWOOF 的地點是，韓國濟州島。當我跟柑橘有機農場的主人 Kim 聯絡時，他很客氣地回絕了：對不起！十年來，世

界各地來的人，沒有超過 35 歲以上的！我不灰心，馬上寄了我們環遊世界七大洲的照片給他。結果他馬上回，還說：你們看起來這麼年輕啊！我以為超過 60 歲，都是老人家了，歡迎你們來！不過他有個附帶條件，要我用 PPT 介紹我去過的世界七大洲，因為他要讓兩個兒子胸懷世界！

我們對 WWOOF 的態度是住當地朋友家，所以盡力幫忙。Kim 說以前各國年輕人一天才做得完的工作，我們竟然兩小時就做完，而且又快又好。住在 Kim 家，雖然供三餐，可是我們把他們當朋友，所以老公也煮台灣美食分享，大家相處得開心極了。事後他們還做了一件十年來從來沒做過的事，全家來台灣，還在我家住了一星期呢！

有了第一次成功又美好的經驗，這次去西班牙，我一下就排了北部 Meghan 和南部 Anne，共 2 個 WWOOF 農場。

Meghan 身兼幾家國際公司的顧問，常世界各地跑，在西班牙出差時，認識了老公 Inigo，就為愛留下來了。後來 Inigo 工作不順，Meghan 竟花了大錢，買了遠離市區的農場。在 Meghan 到世界各地出差時，由 Inigo 和世界各地來的打工換宿者 WWOOFers 在農場幫忙。

● 梅根媽媽及女友

Meghan 的農場，利用建築的自然光線，自己風力發電，及廢水處理設計，可惜沒全部完成，沒冰箱、沒洗衣機、而且晚上限水、限電、不太方便……但是與世隔絕的優美環境，真的太漂亮啦！

　　我們去的時段 Meghan 剛好都在家。她每天在家做各種不同食物 Patata A La Riojana、義大利菜、Green bean Salad、西班牙沙拉、Raclette 法國和瑞士菜等等……另外每餐飯後，一定有不同飯後甜點和蛋糕 oatmeal pancake、waffle、cowboy cake、bread pudding、Banana bread、kidney bean 等……好好吃哦！

　　Meghan 和老公外出，建議我們一起進城去，還大力推薦去老城區吃當地美食 pintsos 和 tapas，都是小碟子的點心，要多吃幾家，因為每家都不一樣！

● 阿樂水餃

　　和 Meghan 西班牙老公 Inigo 訂工作時間，星期一到六，每天 4 ～
6 小時。我們在那邊的工作包含澆水、除草、鬆土，漆牆，餵馬，雜事
等⋯⋯都在我們體力範圍。我們當志工，盡力幫忙，所以常把農場夫妻
嚇壞了，因為做得又快又好。我告訴他們，我老公阿樂很會煮菜！所以
阿樂分享很多台灣和韓國的各式菜餚，如牛肉蛋炒飯，炒麵，炒米粉，
包水餃，蔥油餅，和韓國雜菜，做韓國泡菜等⋯⋯Meghan 一直做筆記，
簡直樂壞了！

　　Meghan 邀我們延後一星期才去，因為當地有個特別的文化美食分
享。中午開始先在家 BBQ，邀請來的男客人看到阿樂的見面禮，也是
又抱又親的，嚇死阿樂了。接著晚餐就出門參加當地的美食節，我推薦

● Pamplona 潘普洛納美食節

阿樂的水餃。從和麵粉，擀水餃皮，一堆女人在旁邊七嘴八舌地幫忙，阿樂簡直就是活脫脫的師奶殺手！水餃 dumpling，最成功的台灣國民外交！

社區的晚餐 BBQ 有各式烤肉及甜點，大家唱歌、喝酒、聊天實在太快樂了！

聽說晚上要玩通宵，還好後來各自回家玩，折騰了一天，吃了一天，這些西班牙人，怎麼話都講不完啊？現在，半夜 1 點了，窗外還傳來陣陣吉它醉人情歌、喝酒、嘻笑聲⋯⋯阿樂和我，眼睛早就睜不開了⋯⋯

要離開農場了，早上男主人問我有何心願？我說想騎馬，結果他把我扶上馬背，在馬場內跑了幾圈，這真是最完美的結局！

● 梅根農場 Meghan BBQ

● 梅根農場騎馬

接著坐高鐵去南部的 Seville，第二個農場真是不敢相信！花了那麼多時間、金錢來 Anne 的農場，竟然令人失望極了！

Anne 的農場，家庭和 WWOOFers 住的地方，離得好遠！WWOOFers 要自己住、自己煮飯⋯⋯這樣的狀況，完全無任何文化交流，有何意義？ Anne 交代完我們要自己煮晚餐，就開車走了。聽到開門格格的木門聲，又沒 wifi，老公馬上說：我不要住鬼屋！明早走人！當晚，隨手拿著吐司，煎個蛋，吃根香蕉，草草打發了一餐。飯後他行李硬是不打開，我只好把我的牙刷給他。沒多久已經聽到老公的打呼聲，但是想到鬼屋，我卻嚇得一晚上都不敢睡⋯⋯

● Anne 的 5 個小孩

● Anne 的羊群

● Anne 的鬼屋

WWOOF 最起碼的 2 個條件：

1. 文化交流，和當地農場主人吃、住在一起。

2. WIFI 跟家人、朋友可以溝通。所以以後當 WWOOFers，一定要仔細問清楚，因為不是每個農場都一樣！

隔天，我試著跟 Anne 溝通，她堅持要保護家裡 5 個孩子，拒絕我們住在她家。還要求我們走之前，先幫她把 450 隻的羊群搞定。當她打開柵欄，羊群就衝了出去。她喊著：快！快跑到前面，要趕羊上山坡吃草！我們兩個跑得要死，好不容易總算把羊群止住了，又要跑著趕它們上山坡。我一直喊老公跑快點！跑快點！看到老公拚老命在追羊群，我自己早就跑不了，上氣不接下氣地，笑到不行了……事後老公說：離開是對的！不然這次我一定會瘦到不成人形！

40、葡萄牙 Portugal

● 世界最美的葡萄牙書店

● 我最愛和當地人聊天

● 波多濕濕三明治

● 世界第一蛋塔

原本這次沒排葡萄牙，不過朋友小潘說，就在隔壁，為何不順便看一下？

里斯本 Lisbon，參觀雷加萊拉宮 Palacio da Regaleira。這是私人城堡，好大好漂亮喔……阿樂說：有錢，住哪兒都好！

● 葡萄牙皇宮

● 哥倫布出航地

● 送個飛吻！

● 私人城堡

● 足球明星晚會

● 波多壁畫火車站

今天吃當地有名的 Bifana 豬扒包，逛 Belem 區，看了麥哲倫航海出發點、還吃了葡萄牙蛋塔旗艦店，網路消息靈通，難怪大排長龍……上面灑肉桂粉又香又好吃，別家賣 1 歐元，這百年老店賣 1.1 歐元。

里斯本 4 夜，離充滿藝術氣息的火車站，走路 5 分鐘，住 8 人混合房內，每人一張床，有朋友聊天，又省錢，一舉數得！我一個人，會住女生宿舍 female dorm，幾人床都可以。

今天要去波多 Porto，慢火車 3 小時，25 歐元。聊天中得知在葡萄牙一般薪水和台灣差不多，所以消費也差不多，比西班牙便宜。

嚐了 Francesinha 濕答答三明治和 Port Wine 波特酒。

去了 Lailo 萊羅書店，號稱世界最美麗的書店。排好長的人龍啊！進書店的門票每人 5 歐元，只限買書才會抵折扣。

晚上看足球之夜的慶祝活動。等好久才開始表演……Porto，只待 3 天 2 夜，但是印象很好。

有的人很怕退休沒事幹，混吃等死……我看到不同的人，因為不同的退休規劃，過著截然不同的生活。我的美國老教授退休後，每天一早醒來，外出走到附近一家咖啡店，看看報紙，聊聊天，吃片厚吐司，喝杯現煮咖啡。回家後，再吃一大碗，放有優格，香蕉及各式水果和牛奶的豐盛早餐。然後溜溜狗，看看書，每天過著充實快樂的日子。快 80 歲的 Bob，耳聰目明，自得其樂，每天開開心心的！

其實，退休就是換一種有趣的生活方式而已！學學東西，做想做的事，整天做自己喜歡的事情，多開心啊！如果經濟無虞，早退還是好處多，年輕力壯的，任何夢想都可以成真，多好！

41、希臘 Greece

買 30 歐元套票，到首都雅典任何衛城，不必排長隊買票，直接進去！拜訪神話中的古城和羅馬古市集，真的令人興奮。以前希臘很厲害，但是看到人類任意的破壞，把漂亮的遺產，弄得殘破不堪，真是太可惜了！

天空之城 Meteora 世界遺址，參觀 6 個修道院，每個收 3 歐元。從首都雅典搭火車去，來回 10 小時。雖然好遠，可是遺世獨立的壯闊美景，和中世紀神秘修道院傳說，讓這些漂浮在空中的修道院，成為世界少有的景觀。

● 天空之城

● 天空之城 2

● 愛情海夕陽

● 聖托里尼鐘

環遊世界七大洲的追夢計畫

　　鼎鼎大名，號稱全世界最浪漫最美的島嶼：聖托里尼 Santorini。那藍白屋、最美的夕陽，早深植於腦海。從雅典 Atherns 搭船去聖托里尼島，一靠岸，人山人海，亂成一團……有租車的，坐計程車 shuttle van 要價一人 80 歐元的……後來問可以搭公車，每人不到 4 歐元，差點花冤枉錢了！可能的話，Oia、Fira 各住一夜。碰到一位自助旅行的加拿大 Canada 女生，她住島上最便宜的青年旅館 Santorini Breeze，6 人房，真是佩服這些勇敢的年輕人！

● 雅典娜神殿

● 希臘阿波羅神殿

參觀世界遺產 Delphi，這裡最著名的是希臘神話中的故事人物，阿波羅 Apollo 神殿，高聳的神柱古代，圓形的鬥獸場，等等⋯⋯

在附近終於找到了我心目中的女神雅典娜 Athena 神殿。雅典娜是希臘神話中，我最喜歡的女神。聞名已久的神話人物，忽然出現眼前，那種悸動是令人難忘的！那健美矯健的身軀，就和我魂牽夢繫中的一模一樣！

逛好大的古市集 Ancient Agrora，古墓園⋯⋯雅典遺蹟真的很多。中午肉捲每份 4.5 歐元，內含肉片蔬菜及薯條⋯⋯蠻好吃的，是當地人最普遍的食物，到處都是。晚餐找網路超推薦美食，Thanasis Kebab，8.8 歐元，羊肉 4 大條，外加一份沙拉。

這趟歐洲自助旅行，我的感受是：錢，生不帶來，死不帶去的，存在銀行，不用，只是廢紙罷了⋯⋯既然不花，辛苦一輩子幹嘛？留給小孩嗎？如果孩子自己有本事，根本不需要我們的錢，如果沒本事，遲早也是敗光而已⋯⋯不如趁自己健康，環遊世界，也不枉費來人間一趟！這次 2 個月歐洲自助旅行，含西班牙，葡萄牙和希臘，兩人花費，約 32 萬元。

● 雅典廢墟

北美洲 North America

42、家庭旅行 Family Trips

我們第一次的全家旅行，是從香港坐渡輪去澳門開始，接著韓國之旅，回去看老公 40 年前念書的學校，然後冰島看極光，埃及金字塔看木乃伊，和這次美國駕車之旅。全家有共同的回憶，比父母死後留下大筆遺產，有意義多了！

跟著長大的孩子旅行，是一件最開心的事。這次美國之旅，一切由兩個女兒安排，跟著她們出國實在太享福了。每到一個地方，孩子就安排我們坐著休息，由她們去交涉所有事情。等一切都安排好了，我們跟著走就是了。老公覺得自己像皇帝，我也覺得自己像皇后呢！

全家自助旅行，首重分工合作！依個別較擅長的能力，方向感好，技術好的開車，如老公和大女兒。會看地圖的坐駕駛座旁，看路指方向，小女兒真的好厲害，每次她說方向時，好像是住在這裡的當地人！

細心的人管大錢，我們每人身上有些小錢，但是大錢，都藏在老公褲腰帶上。有次吃完大餐，發現竟然要 200 多塊美金，爸爸說等一下，我先上個廁所。小女兒還以為他要尿遁呢……真是笑死了。

像我愛玩的，就負責照相，但不能照太多，才有時間欣賞風景。總之，大家都要參與，各司其職，然後照表操課，就可以有個非常難忘的家族旅行了。

在美國全家旅行，開車是最方便的。這次的安排，從洛杉磯的訪友開始。從機場牽車開始，便走行程，先拜訪了老公的老同學。老同學年輕時就移民美國加州，後來開了餐廳，一忙，一眨眼 40 年就過去了。在老公 60 歲退休，環遊世界的時候，他卻只能守著美國的家，還要賺錢付漂亮房子，和昂貴車子等貸款，哪裡都去不了……

　　接著去全世界最快樂的地方，迪士奈樂園。一進樂園，心裏就覺得好像回到童年般，盡情玩樂，真是快樂極了。

　　大峽谷，是我看到會情不自禁脫口大叫「哇」的地點。那遼闊的峽谷，如老鷹般的峽壁，讓人無比的讚嘆與感動！

　　最後全家去賭城拉斯維加斯。到了賭博的天堂，酒醉金迷的地方，好像沒特別的感覺，拉霸小賭一下，早早就去睡了。

　　整趟的旅遊，因為開車而顯得自由自在。而且開到哪，住到哪，兩個女兒排的行程也不急，輕輕鬆鬆開車到每個景點。到了舊金山的金門大橋，我們還在橋上來回走了一趟。不趕時間，真是輕鬆愉快，開心極了！

● 美國大峽谷

● 美國金門大橋

還有想起全家埃及 Egypt 旅遊時，其中參觀帝王谷 The Valley of the Kings。付 200 埃鎊，美金 10 元，可拍 3 墳墓。圖坦卡門 Tutankhamen 墳墓需另外付 250 埃鎊，圖坦卡門 9 歲登基，18 歲死。帝王谷中的 61 個金字塔被盜，他因壓在大法老王下，沒被盜。圖坦卡門墳墓內不可拍照，後來只剩我一人時，管理的阿伯竟然問我想不想拍？我真是喜出望外，除了拍照，順便錄影，真的太幸運了！埃及最後一程，去沙漠看貝都因人 Beduin 的部落。這裡的男人，五官深邃，身體矯健，真的帥呆了！

● 埃及貝都因男人

● 圖坦卡門墳墓內

● Tutencamo
埃及圖坦卡門墓

● 埃及旅遊

● Giza 埃及吉薩金字塔

● 埃及獅身人面像

● 埃及撒哈拉沙漠

另外一次全家冰島 Iceland 開車之旅，也很難忘。冰天雪地裡看著房子外面的大雪，煮著超市買回來的美食，望著全家老小，覺得好幸福喔！幸運撿到好天氣的冰山之旅，每人 250 美金的冰上摩托車⋯⋯到最後一天開車要離開，輪子卻陷入雪中，打租車公司道路救援，付了台幣 6666 元。

● 冰島住宿小屋

● 住宿屋煮晚餐

● 租車陷雪地，動彈不得

● 雪地拖車救援

全家旅行 Family Trip 的意義，在於相聚的溫馨，而不只是玩了什麼地方，花了多少錢……在有生之年，可以和心愛的家人，一起創造美麗和刻骨銘心的愛和回憶，是這輩子最難忘的！期待下一次的全家旅行！

● 冰島冰河上漫步

● 冰島雪上摩托車

● 冰島地標

● 冰湖

● 冰島爬山前的裝備

環遊世界七大洲的追夢計畫

● 冰島爬山

大洋洲 Oceania

43、澳洲雪梨 Sydney

● 雪梨歌劇院和四妹

● 重遊雪梨歌劇院

有人曾說，如果把香蕉和錢，放在猴子面前，猴子會選擇香蕉。因為猴子不知道，錢可以買很多香蕉。在現實中，如果把錢和健康放在人面前，人們往往會選擇錢，因為太多的人沒注意到，健康可以換來更多的錢和幸福！

6月初學校放暑假，要陪老公去他世界七大洲的最後一大洲：澳洲。

先排當地旅行，坐纜車上藍山，看三姊妹岩，還有看當地三大著名動物，無尾熊、袋鼠和 emu 等⋯⋯

走路去雪梨歌劇院，那黃色的屋頂，遠遠看起來像極了船上的白色風帆，美麗極了。沿著湖繞了一大圈，終於找到多年前同樣的拍照地點，實在太開心了⋯⋯想當年四妹還在，好不容易說服她來澳洲旅遊。沒想到這裡是她臨終時無限懷念，這輩子唯一的一次國外旅遊⋯⋯要及時行樂啊！

44、瑜珈中心「Fremantle」Yoga Center Perth

透過 WWOOF 這個國際性的非營利組織，我們這次去了從沒想過的地方，澳洲柏斯 Perth。

● 瑜珈中心

● 國際瑜珈營

這一次在網路上，無意中看到一家 40 年瑜珈中心 Yoga 老店在柏斯 Perth。發現這裡的作息是每天早上一定要參加冥想 meditation。除此之外，所有的 Yoga 課都可以免費自由參加。工作範圍包括洗碗、掃地，舖床，菜園除草，打掃浴室等……後來我跟負責人提到，老公可以煮飯，做文化交流……從此以後，老公和我就常負責煮中華料理給各國人士吃了。

第一次我們煮餐食，分享自己文化美食，老公真是頭痛極了，因為發現這裡吃素，還限制好多東西都不能吃。不能吃蔥，不能吃蛋，不能吃香菇，老公火大嘀咕著：甚麼都不能吃，還煮個屁啊？中心的午餐時間，我對老公喊，吃「草」囉……我是說，吃午餐囉 lunch is ready ……阿樂又皺眉頭了……

這個地方，對我真的非常適合，可以交好多朋友、吃好多健康的東西，如蔬菜、水果、核桃，腰果，杏仁等堅果類 nuts……應有盡有，隨時隨地，毫無限制。更何況還有我愛的，永遠上不完，不同程度的瑜珈課！

● 瑜珈中心的一餐

● 阿樂生日蛋糕

　　這裡規定，每天早上 6 點半一定得參加冥想課 Meditation，老公第一天在清晨的微曦晨光中冥想，竟坐著睡著打呼了，我一直捏他大腿，有一次他還叫了出來。

　　今天帶領的老師要大家想 3 件，這輩子最感恩 grateful 的事……我默默在心底禱告……全家平安，幫助別人，和環遊世界。

　　今天中心的老外，幫阿樂過生日，還幫他偷偷烤了一個蛋糕，真是令人驚喜又感動……他們拍了一段話，告訴我老公，你多麼幸運有位拉著你環遊世界的老婆，讓你的人生變得不一樣，你以後老了，一定回味無窮！

　　當初看上這裡，就是因為有免費瑜珈課，沒想到不但免費，而且有不同程度的課隨便你上，真是太棒了！今天我又挑了一堂 Yoga 課，早上 9 點半上到 11 點，每堂課一個半小時。這裡的課，都是 Meditation Yoga 冥想瑜珈，著重身體伸展與冥想，沒啥困難的動作。中級程度

Intermediate level 對我也剛剛好而已……喜歡 Yoga，和冥想的人，來這裡真的很適合。每天早、午、晚 3 堂課隨便你挑。

阿樂今天分享台灣食物：水餃。先用溫水加麵粉揉成麵糰，蓋好 30 分。素食內餡：高麗菜、青蔥、醬油、豆皮。大家邊吃邊稱讚，他開心極了！

讀書會 Book Reading，我分享對冥想的看法：

1、冥想，讓自己活在自己最舒服的狀況中，有元氣面對外面殘酷的世界。

2、冥想，可以克服恐懼 Fear，讓自己面對挑戰、學習成長和謙卑。

今天放假 day off，工作 5 天，休息 2 天，我們要去外面走走看看……今天早上氣溫：5 度。早上，瑜珈中心負責人 manager Chinmaya，載我們出去走走。我們住在 Fremantle 附近、和當地老人家聊天，發現他們也幫子女看小孩呢……又去 Coogee beach 看海，真的很感恩！

瑜珈中心辦了一個約 50 人的國際瑜珈參訪營，廚師剛好不在，經費有限，又要讓客人吃飽，經理 Chinmaya 一直請求老公幫忙，老公真是一個頭兩個大，一直說巧婦也難為無米之炊，因為很多東西都不能放，不能放肉，香菇，蔥，蛋等……但是經不起人情壓力，老公終於答應跟她出去買菜了。隔天，切了好多南瓜絲，炒了好多次米粉。我負責用買回來的味增包和新鮮豆腐切丁，煮好的味增湯，先請了一個日本妹來嚐味道。她一直說 oishii，太好喝了！晚餐菜色終於出爐：兩大盤的炒南瓜米粉和兩大鍋的味增豆腐湯，吃得盤底朝天，一絲不剩。成功的國民外交！

每次 WWOOFer，我們都排十天，為了只是和當地人一起生活，體驗當地的風俗文化。住了十天，要離開了，經理跟我們說，我們把中心的菜園子整理得太好了，雜草都拔光了，我們掃過的庭院，一塵不染，實在太乾淨了。而台灣料理水餃，炒飯，炒米粉等……都是她的第一次嘗試。又說以後只要是台灣人申請，都要優先錄取！

離開中心後，租了房子，繼續在柏斯玩。

去 Rottnest 海灘看世界最小的短尾矮袋鼠 quokka，去 Fremantle 傳統市場，坐了 12 個多小時去波浪岩 Waverock，和尖峰石陣 Pinnacles 等……

● 世界最小袋鼠

● 波浪岩

● 尖峰石陣

45、艾爾斯岩 Ayers Rock

　　這次艾爾斯岩 Ayers Rock 是小女兒建議我們來攀爬的。因為要尊重原住民多年來的請願，澳洲政府終於公佈從 2019 年的 10 月底，就不能再登頂了。

● 原住民

● 去艾爾斯岩途中

●艾爾斯岩英國友人

●爬艾爾斯岩途中

　　當我們在柏斯 Perth 機場時，飛機 delay 3 小時……第 2 班飛機接不上，所以不能飛了，而且要過兩天才有去艾莉絲泉的飛機。拜託航空公司想想辦法，他們也無計可施，還説飛機遲到 delay 難免啊。網路上的登艾爾斯岩團早已付完 2 萬多元了，後來打電話給登山公司，他們答應給一天的緩衝時間，因為日期到了，是無法取消退款的，而且之後行程已繳了一大筆錢，都 booked 好了……真是恐怖！

　　開始走當地旅行團的行程。

　　晚上露營 camping，大家圍著火堆圍圈圈，席地而睡。BBQ 晚餐後，只有卡其布防水軍用睡包，沒帳篷耶，冷死了！我們另租「睡袋」……晚上滿天的星斗，美得讓人無法閉上眼……阿樂早倒地就睡，打呼去了……老外都問，臺灣人都這麼早睡嗎？

● 晚上露營

愛麗絲泉 Alice Spring 因為艾爾斯岩 Ayers Rock，和「原住民」聞名，60% 居民是原住民，非常和善，容易溝通，但是不愛工作。

對我們常運動的人而言，爬艾爾斯岩真的是小 case，高度約 863 公尺，來回大概約 2 小時。沿路都是陡坡，越爬越高。旁邊還有鐵鏈鎖在地上，需要時隨時可抓……我真的很開心，有機會爬上艾爾斯岩 Ayers Rock，澳洲最有名的地標。原住民的祖靈聖地，他們世世代代在這裡生活。現在全世界，文化意識抬頭，因此原住民，也不願任何人再踩在他們祖靈的頭上了。

● 艾爾斯岩前

● 艾爾斯岩攻頂

● 凱恩斯的夢想公園

● 凱恩斯熱帶雨林騎馬溯溪

● 凱恩斯全日泛舟

46、凱恩斯 Cairns

爬完了艾爾斯岩 Ayers Rock 後，就飛去潛水勝地凱恩斯了。

凱恩斯 Cairns 兩個有名的活動，天空跳傘 Sky dive，和潛水 Scuba Diving。可是這 2 個老公都不敢做，所以另外定了 3 個活動。

1. 夢想公園 Paronella Park，2 人台幣 7700 元，城堡中到處走走看看。

2. 騎馬溯溪 Horse Ride Adventure，2 人台幣 5600 元。騎馬過溪後，癢死人了，全身抓得都是疤……去藥局問，也搞不清楚是沙蠅 sandfly 或是跳蚤 flea 咬的？每天又是藥又是牙膏的亂擦一通，好久一段時間後才好了……

3. 泛舟 whole day water rafting，2 人台幣 7800 元。來回坐好幾小時的大巴士，穿著救生衣在湍急的河川合作泛舟，好刺激喔！

● 凱恩斯高空跳傘

● 凱恩斯公園 BBQ

我最愛公園 BBQ 的澳洲特色！烤比牛肉好吃的袋鼠肉，有袋鼠肉漢堡和袋鼠肉香腸！實在太享受了！

忽然有渡假的感覺……有小錢、有健康、有語文能力……能環遊世界，很多碰到的人，都對我們讚賞有加，羨慕不已……

● 大堡礁潛水

亞洲 Asia

47、虎跳峽

當朋友知道我們要花一個月在雲南自助旅行時，簡直覺得不可思議！

後來又聽到我們去虎跳峽，要背登山大背包，還要花3天2夜爬山，差點沒笑死，說：我們輕輕鬆鬆坐冷氣車，只要半個小時，就可以看到虎跳峽的牌子耶！

第一次聽到虎跳峽，是在一本書上看到的，有對大陸夫妻到虎跳峽訪友，看到了一句中文都不會説的老外，竟然背著大背包，翻山越嶺，爬虎跳峽，後來促成了這對大陸老夫妻，也開始環球自助旅行。

平時我們出國自助旅行，只要一人一個小皮箱，外加一個背包就夠了。這次因為要爬虎跳峽，而且沿途換不同民宿，所以便學浪跡天涯的浪漫背包客，各背一大一小的背包出國了。

當我們住香格里拉民宿，玩了附近的景點，便準備去爬名聞中外的虎跳峽。我們把另外一大一小的背包，先寄放在回程會再續住的這家當地白族人民宿，整理成另背一大一小的背包出門。老公負責背著大背包，而我則背著也塞得滿滿的小背包。

剛開始走，就有生意人在旁問，要不要騎著驢子走？要不要讓驢子幫忙駝背包？我們信心滿滿，豪氣地拒絕了，決定要像旁邊的外國年輕背包客，浪漫走完全程。

才走2小時，發現一路都是上坡，又看到騎著驢子上山的人，心想，好像有點太高估自己了……我們跟著幾個老外背包客，且走且休息且吃東西，硬是走了一整天的山坡路。

　　住了一晚民宿，隔天又背著大小背包，繼續走了……沿途山路，又是懸崖，又是峭壁的……我的體力，早已透支，爬山都成問題了，根本無法背行李，後來 2 個背包，都掛在老公身上，一路且走且休息，等到了第二站的民宿，兩人早就累癱了……

　　第三天，沿途終於又看到有人牽著驢子，走在身旁問：騎驢子哦！他牽著驢子跟了好一會兒，終於放棄走開了。已經走了這麼久的山路了，現在打死不騎驢子，加油！

　　終於到了虎跳峽了！看到牌子，心裏真是無比激動，想到一路上的點點滴滴，酸甜苦辣，流血流汗，實在是太佩服自己了！

　　這一趟深深體會，要趁年輕有體力時，上山下海。誰知道等到退休，也許心有餘而力不足了……

● 虎跳峽懸崖

● 虎跳峽石碑

這次的雲南之旅，我們每天不是走路，就是爬山。回國後，當我們又去晨泳會游泳，當本來肥滋滋，肚子還有救生圈的老公把上衣脫掉時，聽到眾人大叫：哇！身材太好了吧！原來這趟一個月的雲南之旅，老公竟然瘦了 8 公斤！天啊，太誇張了！

48、死裡逃生

● 雲深不知處

這次雲南之旅，我們碰到一位在路旁賣東西的婦人。聊著聊著，知道她是藏族，便邀 2 位路過，開心聊天的大陸人，晚上一起住到她家去。因為她家收費，比附近著名民宿還要便宜。

到了她家，她忙著去菜園摘青菜，煮飯……安排住宿，還借我們藏族衣服穿著拍照，實在是有趣極了……

隔天，她好心帶我們到當地人走的登山口，說是捷徑，可以省時間。我們一行 4 人，各背著自己行李便上山了。老公在前面帶路，一路上有

説有笑的走了 2 個小時，耳朵明明聽到驢子的鈴聲，卻怎麼走都碰不到，找不到路。這下大家慌了手腳，便決定往回走。沒想到因為路走偏了，下山的路都是荊棘，往下路會滑，大家邊滑邊抓，手都被刺傷流血了⋯⋯

走著走著，老公忽然不走了，他説：前面已經看不到路了，再往前，就會掉下去了⋯⋯我心裏想著完了，大喊：救命啊！其他 3 人也跟著撕聲力竭的吼！

上天保祐，聽到山下有回音：不要再往前走了，下面是懸崖，待在那，我上去帶你們離開！不到半小時，一位當地大叔來了。他看到我們就説：太危險了！這個點，常發生意外，死了好幾個老外呢！我們得救後，才注意到自己披頭散髮，有多麼狼狽⋯⋯他帶著我們走到驢子走的小徑上，一直聽得到鈴聲，可是走不過去，原來這是兩座不同的山峰，難怪！這一趟旅程，有死裡逃生，彷如隔世的感覺⋯⋯

● 藏族服飾

● 死裡逃生同路人

49、雨崩村：現代的世外桃源

自助旅行雖然已有規劃，可是有時候總會碰到不同狀態，而改變計劃。這次的雨崩村就是個例子。出門旅行，我最愛和當地人聊天。有天在雲南旅行的公車上，和一位美麗的年輕少女聊天，她問我，會不會嚮往陶淵明那個與世隔絕的桃花源？她正要去現代桃花源呢。

問清楚路線，分開後我便著手雨崩村的計劃。老公對於我的天馬行空不以為然，可是，我們是自助旅行，他拗不過我，只能跟了。我打聽到了，從香格里拉去雨崩村，因為路程很遠，要坐小汽車好幾個小時，最經濟實惠的方式就是：拼車，幾個人一起叫車。

只記得坐了好幾個小時的拼車……等快靠近雨崩村，已經沒路了，只能背著大小背包，一路上坡，爬上不見盡頭的神秘地方……辛辛苦苦的走了好幾個小時，終於到了傳說中的世外桃源。

● 上雨崩村

果然是世外桃源，因為與世隔絕，交通不便，根本很少人會造訪……光是這麼一趟路，就費了好大一番功夫！

只見雨崩村裡，當地村民並不多，倒是開了好幾家民宿。後來聽當地人說，民宿都是外地人來租房經營的。房租很低，因為人口不多，但是民宿可不便宜，因為生意越來越好，外面遊客聞名而來的人越來越多。

　　村莊不大，分上下雨崩村。在村莊走動的過程中，竟然發現有好多外國遊客，真的很佩服這些外國人，連這種地方都找得到！

　　附近有許多景點可以去，山上、瀑布……需要一些腳力。我們沿路碰到一個大陸女孩，知道我們跟她父母同年齡，稱呼我們偶像，要拍照，借此鼓勵她父母以後也出國自助旅行，跟我們一樣。

　　住這裏 2 晚，夜裡無電也無燈，安靜極了。白日裡雞犬相聞，驢子載物，散漫的步調，時空好像走得很緩慢。沒有工廠排煙、沒有汽車、沒有夜生活……這裡的人，過的是安靜、恬淡、與世無爭的生活。難怪號稱世外桃源了……

● 當地交通工具

● 在下雨崩村被稱為偶像

後記 Postscript：
另類家庭主婦

朋友們覺得我太另類，跟一般家庭主婦很不一樣！

我有兩個女兒，平日工作忙，週末最愛和先生推著菜籃子買菜，愛逛傳統市場，常蹲在地上，挑東挑西。傳統市場裏，雖然較髒些亂些，可是那種生命力的呈現，讓我深深著迷，樂此不疲！

看到報導農藥殘留，非法添加物，擔心家人的健康，生氣生意人的貪婪，常指著電視破口大罵，直到老公瞪白眼問：有人逼你看電視嗎？

有一次上傳統市場買綠色花椰菜，拿起一顆綠色花椰菜，轉來轉去，非常仔細的猛看……

「小姐，請問你看了半天，到底在看什麼啊？」賣菜的老闆好奇的問。

「我在看有沒有菜蟲啊！」我回答。

「別開玩笑了，我們的菜最新鮮了，哪來的菜蟲啊？」老闆拍胸脯保證。

「沒菜蟲啊？」我更仔細的檢查。

「當然沒有！」老闆更大聲的回答。

「不好意思，那我不敢買了，連一隻蟲都沒有，八成有農藥！」我

才說完，周圍的人笑成一團，而我老公卻低著頭，用力的把我拉走！連續挑了幾攤，老公上火了，在我又撿起一顆綠色花椰菜來看時，他忽然大聲問老闆：請問你們有沒有賣菜蟲啊？我只好隨便買一顆就走人。

自己廚藝不佳，每次朋友辦聚餐，人人準備拿手好菜，我一定不落人後的準備水果大餐。有一次，朋友開玩笑說：這次不准帶水果，老公回答：好！這次我們只帶水果盤。哈！老公真瞭解我！

我女兒國中時，家中四人開始輪流煮飯。有時候我女兒會問：這道菜怎麼煮啊？我告訴她們：做菜不外乎煎、炒、煮、炸、沒有一定限制！現在兩個女兒都是煮創意料理，決不重複！

我十九歲結婚前，在家從來沒煮過一餐飯。結婚後和公婆同住，剛開始自己每天上班，公婆退休在家，一直都煮自己喜歡吃的飯食，我根本沒機會練習或嘗試，事實上，我根本不會煮飯。好在結婚以來，雖然跟公婆同住，但因為上班沒時間煮飯，所以也一直沒人發現。

直到有一天，我一早醒來，發現公公如往常般，已經一大早煮好了稀飯，放在飯桌上了。只是這天桌子上，多了一大盤，十幾顆白白圓圓的東西，我從來沒見過，真是搞不懂這是什麼？想了想，一時心血來潮，自作聰明的花了一小時時間，把那十幾顆白白圓圓的東西，用手撕成一小塊一小塊的，然後用大杓子，小心扮勻，把六分滿的大鍋子，硬是撐到快滿了，大功告成了！心想自己今天總算幫了大忙了。

才進我房間沒多久，忽然聽到一聲如雷聲般的大吼：是誰？誰幹的？誰來廚房？我一聽嚇的面無血色，趕緊躲入棉被裡。不一會公公大叫老公名字：你「家裡的」（你太太），早上有沒有來廚房？老公進房問我，我說：沒有啊！雖然沒有人硬逼我承認（除了我，還會有誰？），但從此以後公公禁止我到廚房，免得胡搞瞎搞一通！

有一天假日，婆婆煮飯煮了一半，我在旁邊幫忙撿菜，結果電話一響，婆婆就去接了。撿好了菜，心想，就幫忙煮了吧！所以把菜洗乾淨就下鍋炒了。等婆婆終於講完電話，回到廚房，一看到桌子上那一盤張牙舞爪的菜，不悅的大聲問：你沒看過敏豆嗎？你家炒敏豆整條不弄斷，直接炒的嗎？年輕不懂事的我心虛的回答：我們家都這樣炒啊！天曉得我出嫁前根本沒進過廚房，也沒煮過一餐飯。從此以後，婆婆也不准我碰她的廚房或炒菜了！和公婆住了兩年後，公婆搬去台南，我和老公就留在台北，開始了自己小家庭的生活。

剛開始天天都吃外面，後來吃膩了，便想自己在家裡煮些東西來吃。有一天，老公要我先下水餃，結果他回到家，找不到桌子上有東西。老公問：水餃呢？我答：在鍋子裡！老公不悅的問：為什麼水餃會在鍋子裡？一掀開鍋蓋，他大叫：天啊！鍋裡這一坨是什麼東西啊？原來我把水餃先退冰再煮，結果全部粘在一起了！他邊挑肉吃邊說：從沒看過有人這樣煮水餃的！天曉得，我從小住鄉下，根本沒聽過或吃過水餃。

有一次老公又一邊吃一邊唸：這麼硬怎麼吃？我逼他，他竟打死不吃，還說：要吃你自己吃！直到我發現連自己都吞不下去時，打電話回南部問我媽，我才知道原來絲瓜要削皮，而苦瓜卻不用！只聽得電話那頭，我媽大聲嚷嚷，和鄉下那些左鄰右舍八婆的笑聲，在電話裡，快把我耳朵都震聾了……

雖然我不太會煮菜，但煮出來的每一道菜都叫得出名字，因為我都看食譜煮的。就這樣糊里糊塗混到現在，兩個女兒都長大了。而我的名聲遠播，常淪為朋友間笑談。老公每次緩頰的說：還好我老婆手藝不好，否則我一定比現在更胖呢！

我一直覺得自己心態好年輕，世界還有好多好玩的地方。忽然想起誰說：人是心先老，是停止玩樂才老了……我發誓，要玩樂一輩子！

● 捷克布拉格

● 奧地利熊布朗宮

● 丹麥美人魚

● 瑞士少女峰

● 約旦沙漠

● 以色列死海

國家圖書館出版品預行編目資料

環遊世界七大洲的追夢計畫 / 吳淑媚著 . -- 初版 . --
臺北市：博客思出版事業網 , 2021.03
面； 公分
ISBN 978-957-9267-88-5(平裝)
1. 遊記 2. 世界地理
719　　109020180

生活旅遊24

環遊世界七大洲的追夢計畫

作　　者：吳淑媚
攝　　影：吳淑媚
編　　輯：陳勁宏
美　　編：陳勁宏
校　　對：楊容容、古加雯
封面設計：陳勁宏
出 版 者：博客思出版事業網
發　　行：博客思出版事業網
地　　址：台北市中正區重慶南路1段121號8樓之14
電　　話：(02)2331-1675或(02)2331-1691
傳　　真：(02)2382-6225
E—MAIL：books5w@gmail.com或books5w@yahoo.com.tw
網路書店：http://bookstv.com.tw/
　　　　　https://www.pcstore.com.tw/yesbooks/
　　　　　https://shopee.tw/books5w
　　　　　博客來網路書店、博客思網路書店
　　　　　三民書局、金石堂書店
經　　銷：聯合發行股份有限公司
電　　話：(02) 2917-8022　　傳 真：(02) 2915-7212
劃撥戶名：蘭臺出版社　　帳號：18995335
香港代理：香港聯合零售有限公司
電　　話：(852)2150-2100　　傳真：(852)2356-0735
出版日期：2021年3月 初版
定　　價：新臺幣380元整(平裝)
ISBN：978-957-9267-88-5